Axel Kotulla

**Effektiv Starten
mit Turbo C++**

Axel Kotulla

Effektiv Starten mit Turbo C++

Professionelle Programmierung von Anfang an

Springer Fachmedien Wiesbaden GmbH

CIP-Titelaufnahme der Deutschen Bibliothek

Kotulla, Axel
Effektiv starten mit Turbo C++: professionelle
Programmierung von Anfang an / Axel Kotulla. –
Braunschweig: Vieweg, 1990
   ISBN 978-3-528-05131-0   ISBN 978-3-322-90104-0 (eBook)
   DOI 10.1007/978-3-322-90104-0

Der Verlag Vieweg ist ein Unternehmen der Verlagsgruppe Bertelsmann International.

Umschlaggestaltung: Schrimpf + Partner, Wiesbaden

ISBN 978-3-528-05131-0

Vorwort

Überall ist die Rede von 'C'. Immer häufiger wird der Wunsch, ohne Kenntnisse anderer Programmiersprachen in 'C' einsteigen zu können. Genau dies ist die Zielsetzung des vorliegenden Buches. Ausgehend von ganz einfachen Beispielen wird der Leser Schritt für Schritt mit allen Möglichkeiten von 'C' und dem Nachfolger 'C++' vertraut gemacht, ohne daß dafür Vorkenntnisse in anderen Programmiersprachen nötig sind.
Zugrunde gelegt wird dabei der überaus populäre 'C'-Compiler TURBO C von Borland, der inzwischen nach der erfolgreichen Version 2.0 in der 'C++'-Variante unter dem Namen TURBO C++ erhältlich ist. Die Programme in diesem Buch orientieren sich alle an der ANSI-Norm für 'C' bzw. am Release 2.0 von AT&T für 'C++', so daß es keine Probleme mit anderen Compilern gibt.
Die Einführung gliedert sich in fünf Abschnitte. Nach einer kurzen Einweisung in die Installation und Handhabung des TURBO C++ Compilers wird der Leser mit den Grundlagen der Sprache, d.h. mit allen Schlüsselwörtern, Ablaufstrukturen - wie z.B. Programmschleifen - , vertraut gemacht. Daran schließt sich ein Abschnitt über strukturierte Programmierung an, in dem es hauptsächlich um die Modularisierung von Programmen geht. Dem Leser soll klar werden, daß es sinnvoll ist, ein großes Programm in viele kleine Abschnitte aufzuteilen. Im nächsten Abschnitt dreht sich dann alles um das große Thema Zeiger und damit um die dynamische Speicherverwaltung. Dynamisch soll heißen, daß dort die Möglichkeit besteht, Speicherplatz erst während des Programmablaufs zu verteilen. Zahlreiche Abbildungen sollen dem Leser helfen, die Hürde der Zeiger möglichst mühelos zu überwinden, weil diese ein wesentliches Merkmal (und unschätzbarer Vorteil) von 'C' sind. Zur Erläuterung der verschiedenen Ablauf (oder auch Kontroll-) strukturen werden Struktogramme verwendet. Im Gegensatz zu den sog. Programm-Ablauf-Plänen (PAP, häufig auch Flußdiagramme genannt) zwingen Sie den Programmierer, schon während der Entwurfsphase zu strukturieren und damit der "Denkweise" eines Computers nahezukommen. Ein übersichtliches Struktogramm kann quasi sofort in 'C' übersetzt werden und sollte deshalb immer am Anfang stehen.
Während die bisherigen Abschnitte alle auch unter TURBO C 2.0 bearbeitet werden können, ist dann der fünfte und letzte nur TURBO C++ vorbehalten. Dort wird der Leser mit den neuen Möglichkeiten der objektorientierten Programmierung (OOP) konfrontiert. Es geht dann nicht mehr um 'C' allein, sondern um den neuen Stern am Programmiersprachenhimmel, um 'C++'. Es wird in das Klassenkonzept und die Vererbung von Eigenschaften etc. eingeführt.

Im Anhang finden Sie neben einer ASCII-Tabelle eine Liste aller reservierten
TURBO C++ Schlüsselwörter sowie die Lösungen zu zahlreichen Übungsaufgaben. Diese Lösungen und auch einige der im Buch verwendeten Beispielpro-
gramme finden Sie ebenfalls auf der beiliegenden MS-DOS-Diskette (360KB,
5¼ Zoll), die Ihnen unnötige Tipparbeit ersparen soll. Werden Sie dadurch
aber bitte nicht zu passiv. Sie sollten die vorgestellten Übungen trotzdem
selbst bearbeiten. Nur durch eigenhändiges Programmieren lernt man eine
Programmiersprache richtig.
Innerhalb des Textes finden Sie hervorgehobende Passagen. Dies sind zum
einen Hinweise und zum anderen Merksätze.

 Dies ist ein Hinweis.

 Dies ist ein Merksatz.

Hinweise machen auf Fehler aufmerksam, die von Anfängern häufig begangen
werden, geben Tips zur Programmierung oder enthalten kurze Erläuterungen,
die das Verständnis erleichtern sollen. Merksätze fassen das behandelte Thema
in einem kurzen Satz zusammen. Sie sollen dem Leser bei bestimmten Problemen helfen, schnell das gesuchte Kapitel aufzufinden. Außerdem finden Sie
an einigen Stellen Auszüge aus Murphy's Gesetzen, die nicht allzu ernst
genommen werden sollen. Ein Stück Realität ist jedoch meistens enthalten:

? Der Wert eines Programms ist umgekehrt proportional dem von ihm
verbrauchten Papier.

Das Buch entstand im Rahmen meiner Tätigkeit als Dozent bei der Deutschen
Angestellten Akademie (DAA) Aachen, einer Einrichtung zur Erwachsenen-
bildung innerhalb der Deutschen Angestellten Gewerkschaft (DAG). Als Bei-
lage zum Unterricht entstand zunächst eine lose Blättersammlung, die den
Einstieg in die Programmiersprache 'C' erleichtern sollte. Es ging mir dabei
hauptsächlich um Schüler, die praktisch keine Vorkenntnisse auf dem Gebiet
der Programmiersprachen besaßen. Es gibt zwar auf dem Markt eine Unzahl
von Büchern über 'C', die jedoch alle Vorraussetzungen in irgendeiner Form
machen. Das vorliegende kann sowohl als Lernbuch (auch für Selbststudium)
wie auch als Nachschlagewerk verwendet werden, da neben einer kompletten
Sprachbeschreibung auch zahlreiche Übungen eingearbeitet wurden.

Mein Dank gilt der WordPerfect Software GmbH, die mir zur Erstellung dieses Textes die Version 5.1 ihres sehr gelungenen Textverarbeitungsprogramms zur Verfügung stellte. Ebenso danke ich der Firma Borland, die mir freundlicherweise noch vor dem offiziellen Erscheinungsdatum eine Vorabversion von TURBO C++ zukommen ließ. Weiterhin danke ich der DAA Aachen für die Hardware (Rechner und Laserdrucker), meinen Kommilitonen Stefan Witt und Johannes Schmitz-Lenders für Beispiele zur objektorientierten Programmierung sowie das Korrekturlesen, dem Verlag Vieweg für die geduldige Unterstützung und last but not least den Teilnehmern meiner 'C'-Kurse im Herbst 1989 und Frühjahr 1990, ohne deren Verbesserungs- und Korrekturvorschläge ich gänzlich verloren gewesen wäre.

Aachen, im August 1990

Axel Kotulla

P.S.: Alle bis hier und auch nachfolgend aufgeführten Marken- bzw. Artikelnamen sind eingetragene und damit geschützte Warenzeichen der entsprechenden Firmen.

Inhaltsverzeichnis

I Erste Schritte mit TURBO C++

Falls Sie Ihren TURBO C++ Compiler noch nicht installiert haben, erhalten Sie im folgenden Abschnitt die entsprechende Anleitung. Dazu sollten Sie jedoch mit den gängigsten DOS-Kommandos, wie CD zum Wechseln eines Verzeichnisses oder DISKCOPY zum Kopieren von Disketten, vertraut sein.

I.1 Installation

☞ Die Installationshinweise gelten im wesentlichen auch für die Version 2.0.

Der Compiler TURBO C++ von Borland wird in Deutschland in einer deutschen und einer englischen Version vertrieben. Die Installation ist denkbar einfach. Bevor Sie jedoch damit beginnen, sollten Sie Ihre Originaldisketten auf jeden Fall kopieren und an einem sicheren (magnetfreiem und trockenem) Ort aufbewahren, also weder auf dem Fernseher noch im Kühlschrank. Zum Kopieren verwenden Sie das DOS-Kommando DISKCOPY, indem Sie

```
DISKCOPY A: A:
```

eingeben. Alle weiteren Schritte nennt Ihnen das Programm selbst. Danach arbeiten Sie nur noch mit den Kopien. Legen Sie die erste Diskette in Ihr Laufwerk A: und geben ein

```
A:
```

Dadurch wird Laufwerk A: zum aktuellen und alle nachfolgenden Befehle werden zunächst dort gesucht. Sie benötigen nun das Installationsprogramm, welches Sie durch Eingabe von

```
INSTALL
```

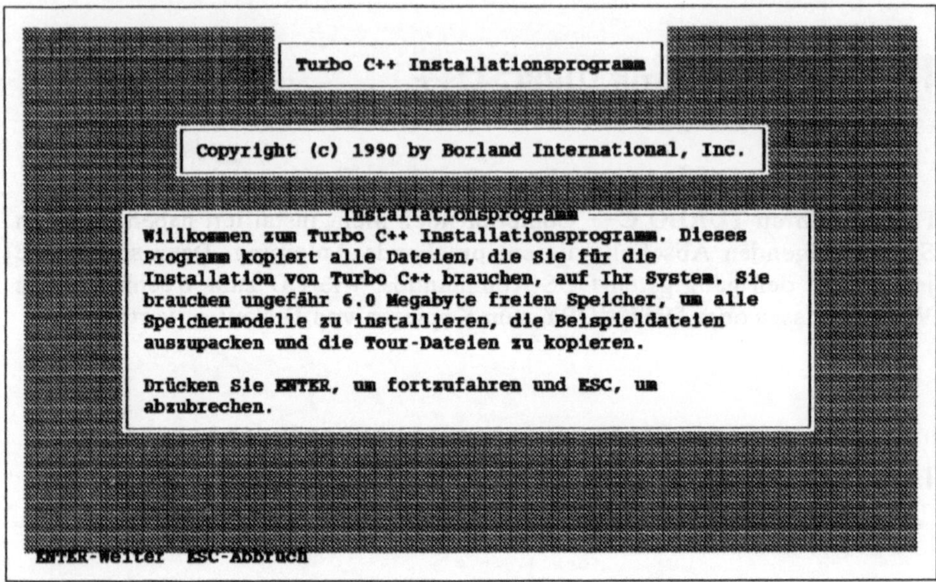

Abb.1 Startbildschirm zur Installation von TURBO C++

starten. Ihr Bildschirm sollte jetzt in etwa wie in Abb.1 aussehen. Daraufhin
fragt Sie Ihr Rechner, wo TURBO C++ installiert werden soll. Zwar haben Sie
die Möglichkeit, dies auch auf einer Diskette zu tun, sie sollten diese Möglichkeit jedoch von vorneherein ausschließen, da sonst die Übersetzungsläufe
zur Geduldprobe werden. Alle weiteren Angaben erfragt das Programm von
Ihnen, so z.B. Verzeichnisnamen, wo Sie Ihre Bibliotheken (das sind Samm-
lungen von nützlichen Hilfsfunktionen) abgelegt werden sollen. Wenn Sie
keine speziellen Anforderungen haben, sollten Sie die von TURBO C++ vor-
geschlagene Lösung in allen Fällen übernehmen. Falls Sie später die Installation ändern wollen, gibt es das Programm TCINST, mit dem dies geht, ohne
die gesamte Installationsprozedur zu wiederholen.
Am Ende der Installation wurden Sie vom Programm aufgefordert, die Dateien
CONFIG.SYS und AUTOEXEC.BAT abzuändern. Auf jeden Fall muß die
Datei CONFIG.SYS den Eintrag

```
FILES=20
```

enthalten. Verwenden Sie für diese Einträge irgendeinen Editor z.B. EDLIN,
der zum Umfang von MS-DOS gehört.

In der Version TURBO C++ befindet sich ein interaktives Lernprogramm mit Namen TCTOUR.EXE, das - wenn gewünscht - in Ihr TURBO C++ Verzeichnis kopiert wird. Falls Sie noch nie mit Produkten aus dem Hause Borland zu tun hatten, sollten Sie jetzt dieses Programm starten, um Ihre ersten Gehversuche zu unternehmen.

Innerhalb dieses Lernprogramms lernen Sie den Umgang mit der integrierten Entwicklungsumgebung, dem Öffnen und Schließen von Fenstern usw.

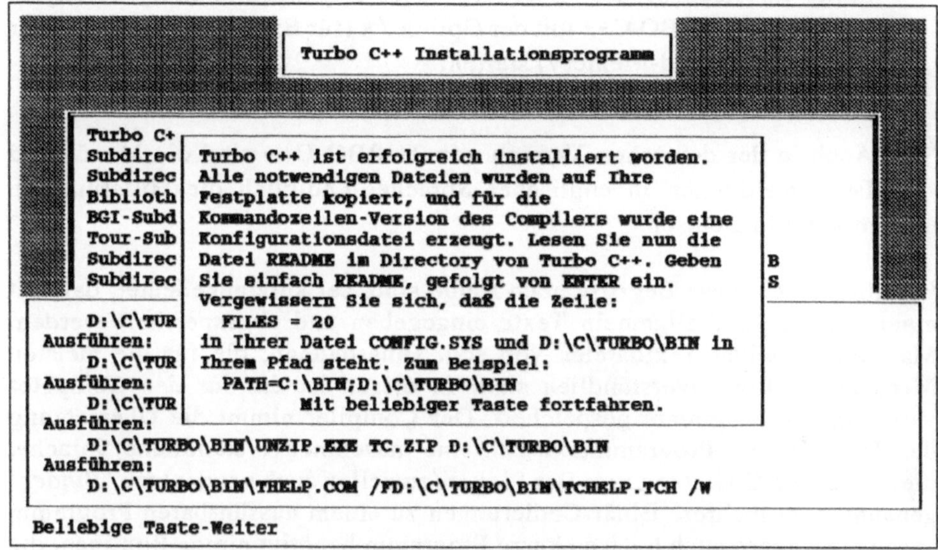

Abb.2 Abschlußmeldung der TURBO C++ Installation

I.2 Die TURBO C++ Entwicklungsumgebung

Nachdem die Installation (hoffentlich) erfolgreich beendet wurde, möchten Sie natürlich das Ergebnis in Augenschein nehmen.Sie starten TURBO C++ durch Eingabe von

TC

Nach wenigen Sekunden haben Sie die integrierte Entwicklungsumgebung vor sich. In Ihr sind alle wesentlichen Teile zur Programmentwicklung zusammengefaßt. Zum einen ein komfortabler Editor, der die weitverbreiteten Wordstar-Steuerzeichen kennt, ferner der Compiler und Linker und schließlich ein Debugger, der die Fehlersuche stark erleichtert.

☞ Sollte Ihr Rechner über Extended- oder Expanded-Memory verfügen, können Sie TURBO C++ mit der Option /x (für Extended-Memory) oder /e (für Expanded-Memory) starten.

☞ Auch in der deutschen Version von TURBO C++ sind die Menüs und Fehlermeldungen in englischer Sprache. Lediglich die Hilfsfunktion arbeitet in Deutsch.

Für alle, denen diese Begriffe noch fremd sind, sei kurz angedeutet, daß mit einem Editor ganz allgemein Texte eingegeben und abgespeichert werden. Man unterscheidet Textdateien von sog. Binärdateien, die für die meisten Menschen völlig unverständlich sind. In diesen ist das für den Computer verständliche Programm gespeichert. Der Compiler nimmt die Übersetzung des TURBO C++ Programmtextes in eine maschinenverständliche Sprache, die sog. Binär-Codierung vor. Der Linker (zuweilen auch neudeutsch *"Binder"* genannt) fügt mehrere Binär-Codierungen zu einem ausführbaren Programm zusammen. Jedes auch noch so kurze Programm benötigt einige Routinen, die eben von diesem Linker hinzugefügt werden. Der Debugger schließlich hilft bei übersetzten aber fehlerhaften Programmen bei der Korrektur, indem er ein Programm genau kontrolliert ablaufen läßt.

 Die integrierte Entwicklungsumgebung von TURBO C++ enthält die vier wichtigsten Teile zur Programmentwicklung: Den Editor zur Texteingabe, den Compiler und Linker zur Programmübersetzung und den Debugger zur Fehlersuche.

Um nun einen Eindruck von der enormen Geschwindigkeit des Compilers zu erhalten, wollen wir einfach mal ein Programm übersetzen. Sie können entweder das Einführungsprogramm in diesem Buch eintippen oder Drücken die Taste <F3> und <Return>. TURBO C++ zeigt Ihnen daraufhin alle 'C'-Programme im aktuellen Verzeichnis.

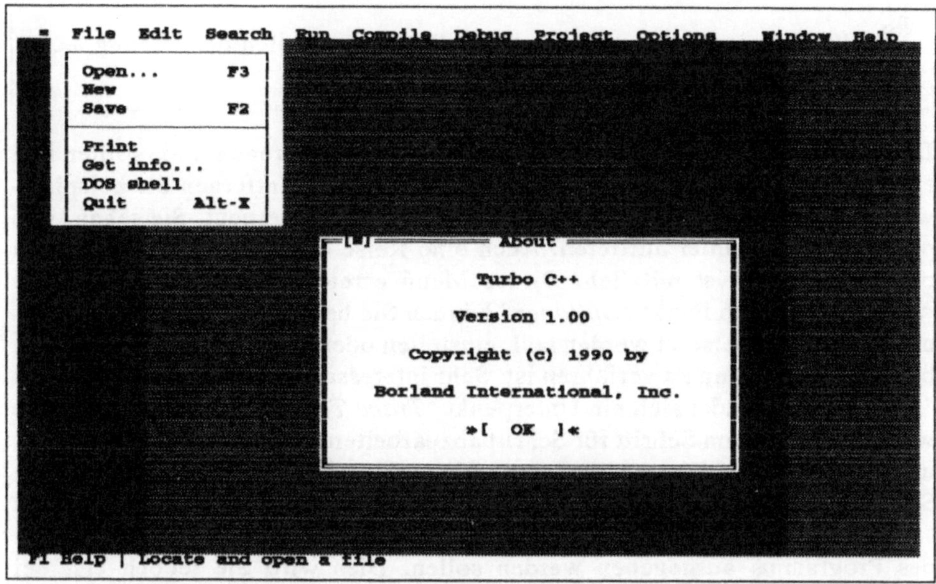

Abb.3 Auswahl des Programmquelltextes unter TURBO C++

Sollten Sie die Beispieldateien nicht in das aktuelle Verzeichnis kopiert haben, müssen Sie mit den Pfeiltasten das Verzeichnis anwählen, wo die Beispiele liegen. Wählen Sie das Programm HELLO.C aus den mitgeliefrten Beispielprogrammen oder das gleichnamige Programm auf der beiliegenden Diskette. Da für den Umgang mit den 'C++'-Features von TURBO C++ ein Verständnis von 'C' Vorraussetzung ist, werden wir uns im folgenden zunächst damit beschäftigen. Drücken Sie nun die Tasten <F9> und <Ctrl> (bzw. <Strg>) **gleichzeitig**. Das Programm wird übersetzt und, sofern kein Fehler auftrat, sofort gestartet. Da das erste Programm meist nur einen Text ausgibt, bekommen Sie von der Ausführung überhaupt nichts mit, weil TURBO C++ nach Beendigung des Programms sofort in die Entwicklungsumgebung zurückkehrt. Sie können die Ausgabe Ihres Programms jedoch durch die Tastenkombination <Alt> und <F5> sichtbar machen. Lassen Sie sich bitte nicht durch eventuelle Warnungen am unteren Bildschirmrand irritieren. Wahrscheinlich erscheint die Meldung:

```
WARNING: HELLO.C 9: Function should return a value ...
```

Dies ist kein Fehler, sondern nur ein Hinweis, der im Kapitel "Funktionen" näher erläutert wird.

 'C' Programme tragen unter MS-DOS gewöhnlich die Endung `.C`, während 'C++' Programme auf `.CPP` enden.

Damit haben Sie einen ersten Eindruck vom Compiler erhalten. Sie sollten nun ein wenig mit Ihrem ersten Programm herumspielen. Entfernen Sie beispielsweise eines der Semikolons und starten den Compiler erneut. Sie sehen, was passiert, wenn Fehler auftreten. Auch eine Reise durch die Menüpunkte am oberen Bildrand ist nützlich. Dieses Menü erreichen Sie durch die Taste <F10>. Unter dem Punkt *"Optionen"* können Sie beispielsweise das Speichermodell, in das übersetzt werden soll, einstellen oder auch, wie mit Warnungen bei der Übersetzung zu verfahren ist. Sehr interessant ist auch der Menüpunkt *"Run"*. Dort befindet sich ein Unterpunkt *"Trace To ..."*, mit dem es möglich wird, ein Programm Schritt für Schritt abzuarbeiten. Wählen Sie diesen Punkt, und das Programm fährt nun immer nur dann mit seiner Ausführung fort, wenn Sie die Taste <F7> drücken. Zu diesem Debugger gehört der Menüpunkt *"Debug/Watch"*, wo sie Variablen angeben können, deren Werte zur Laufzeit des Programms ausgegeben werden sollen. Dies wird Sie jedoch erst bei umfangreicheren Programmen näher interessieren. Wichtiger ist die Tatsache, daß sie zu jeder Zeit Hilfe von der Entwicklungsumgebung anfordern können. Diese Hilfe ist kontextbezogen und wird durch die Tastenkombination <Ctrl> (bzw. <Strg>) +<F1> gestartet. Das heißt, wenn sich der Cursor z.B. im Menü befindet und Sie die Hilfe starten, dann erhalten Sie Informationen zum aktuellen Menüpunkt. Befindet sich der Cursor dagegen auf einem TURBO C++ Schlüsselwort, so erhalten Sie zu diesem nähere Hinweise. Die Tastenkombination <Alt>+<F1> wiederholt immer den letzten Hilfsbildschirm.

```
 =  File  Edit  Search  Run  Compile  Debug  Project  Options      Window  Help
                        ─── FILES\C-LOES\HELLO.C ───────────────────1─
#include <stdio.h>

main()
{
        /*  Dies ist ein Kommentar  */
        ┌─[■]════════════════════════ Help ═══════════════════2═[ ]═┐
    pri  │
}       /* │  ██ printf
        │
        │  ("print formatted") - formatierte Ausgabe zu stdout.
        │
        │    int printf(const char *format
        │          [, argument, ...]);
        │
      9:1│  Prototyp in  stdio.h
        │
        │  Formatiert eine variable Zahl von Elementen, wobei Anzahl und
        │  Art über den String format angegeben sein müssen. Liefert die
        │  Anzahl der ausgegebenen Zeichen zurück bzw. EOF im Falle eines
        │  Fehlers.
        └──────────────────────────────────────────────────────────┘
  F1 Help on help  Alt-F1 Previous topic  Shift-F1 Help Index  ESC Close help
```

Abb.4 Online-Hilfe im deutschen TURBO C++

II Grundlagen

Der erste Abschnitt behandelt die grundsätzlichen Dinge der Programmierung
in TURBO C++. Zunächst wird ganz allgemein erläutert, was ein Programm
ist und danach zu 'C'-Programmen übergegangen.

II.1 Was ist überhaupt ein Programm?

Wenn er das Wort "Programm" hört, fallen dem "durchschnittlichen" Mittel-
europäer zwei Dinge ein: Fernsehen und Computer. Letzteres wird uns interessieren, aber auch in völlig anderen Situationen handelt der Mensch oft nach
einem Programm. Nehmen Sie z.B. das Kochen. Auch wenn Sie eventuell

keinen Tintenfisch mögen, sehen Sie sich bitte folgende Kochanleitung für einen Tintenfischsalat an. Als Zutaten für sechs Personen benötigen Sie 500 Gramm Tintenfisch, 1 Glas Fischfond, 200 Gramm rote Zwiebeln, 2-3 rote Chilischoten, ⅛ l Zitronensaft, Salz, Pfeffer, ¼ l Kürbiskernöl, 2 Töpfe Korianderkraut und 1 Glas Kaktusblätter.Der Kochvorgang wird durch das Struktogramm in Abb.5 erläutert.

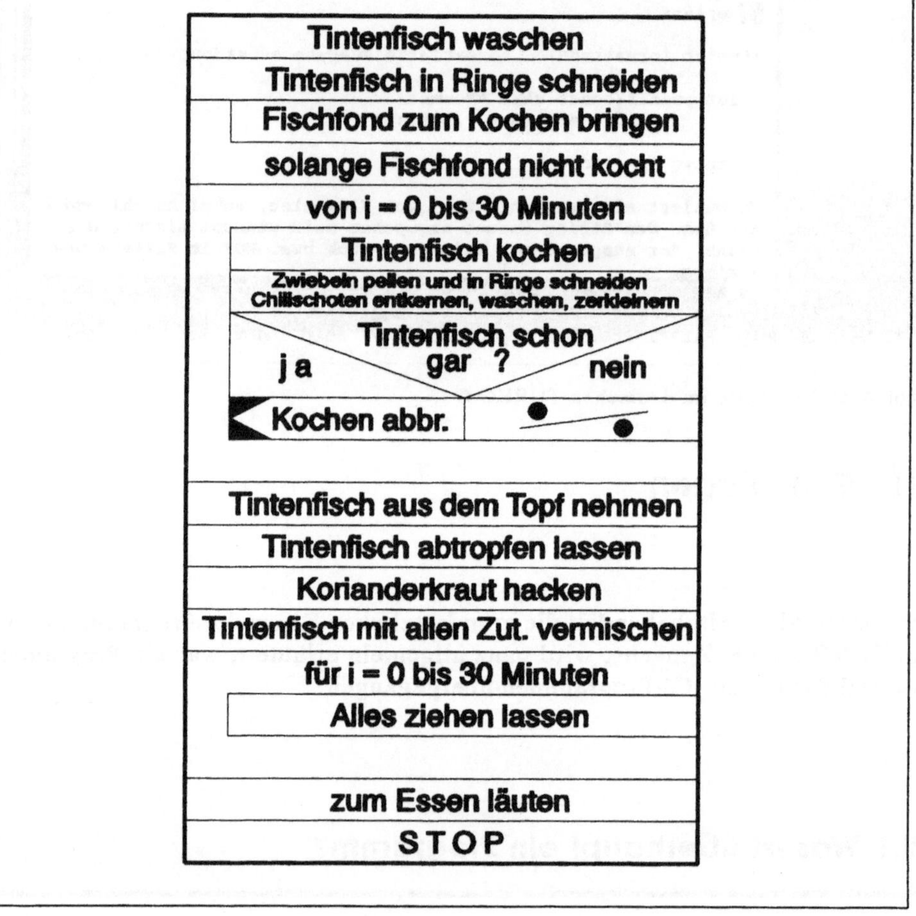

Abb.5 Struktogramm zum Tintenfischrezept

Rein intuitiv sollte Ihnen in etwa klar sein, wie der Salat hergestellt wird. Genauso arbeitet ein Computerprogramm. Es werden bestimmte Aktionen ausgeführt, wie z.B. eine Textausgabe auf dem Bildschirm oder die Multiplikation zweier Zahlen. An manchen Stellen werden Aktionen wiederholt und an anderen werden sie nur unter bestimmten Bedingungen ausgeführt. Sie finden im Anhang eine Übersicht über alle Struktogrammsymbole, die für unsere TURBO C++ Programme benötigt werden. Dort sind die Begriffe etwas enger an die Computerprogrammierung angelehnt, aber viele der Symbole aus unserem "Tintenfischstruktogramm" tauchen wieder auf.

Bevor Sie nun daran gehen, Ihre ersten eigenen Programme zu schreiben, bedenken Sie bitte folgendes (Vor-) Urteil:

> **?** *Wenn Architekten so bauen würden, wie Programmierer Ihre Programme machen, könnte ein einziger Specht ganze Städte zerstören.*

II.2 Aufbau eines TURBO C++ Programms

Wie allgemein üblich, soll unser erstes Programm noch nicht sehr viel leisten. Eigentlich gibt es nur einen Text aus.

```
#include <stdio.h>

main()
{
        /*  Dies ist ein Kommentar  */

        printf("Unser erstes Programm!")
}       /*  Ende von main()  */
```

Um dieses Programm zu starten, sind drei Schritte nötig:

☐ Eingabe des Programmtextes durch den Editor, entweder den der Entwicklungsumgebung oder einen anderen Ihrer Wahl. In der Entwicklungsumgebung sollten Sie durch Drücken von <F10> und Wahl des Menüpunktes *"File"* den Punkt *"Save as ..."* (bzw. *"Write to"* in der Version 2.0) erreichen. Geben Sie als Programmnamen HELLO.C ein.

- ☐ Übersetzung durch den Compiler. Dies geschieht entweder durch die Tastenkombination <Ctrl> (bzw. <Strg>) + <F9> oder durch den Aufruf von TCC.

- ☐ Starten des Programms ist nur dann erforderlich, wenn Sie die Kommandozeilenversion TCC verwendet haben. Ansonsten wird das Programm automatisch gestartet, wenn kein Fehler aufgetreten ist.

Danach sollte der Bildschirm folgendermaßen aussehen: (In der Entwicklungs-umgebung bitte <Alt> + <F5> drücken)

```
Unser erstes Programm!
```

Wie ist nun der obige Programmtext zu verstehen? Am Anfang steht ein sog. **Schlüsselwort** und zwar main. Dieses gibt an, wo das Hauptprogramm an-fängt. An dieser Stelle beginnt grundsätzlich jedes TURBO C++ Programm, so daß main auch in jedem Programm enthalten sein muß. Die beiden Klam-mern ( ) machen deutlich, daß es sich bei main um eine *Funktion* und nicht um eine *Variable* handelt. Mit *Funktion* ist eine Folge von Anweisungen gemeint; häufig spricht man auch von *Unterprogrammen*. Der Begriff *Funk-tion* stammt aus der Mathematik. Vielleicht erinnern Sie sich, wie Sie dort mit der Sinusfunktion kämpfen mußten. In einer *Variablen* können Zahlenwerte gespeichert und verändert werden. Danach folgt schon wieder eine Klammer. Dieses Mal jedoch eine geschweifte { . Sie macht deutlich, daß hier das Hauptprogramm [die Funktion main()] tatsächlich beginnt und solange gilt, bis das Gegenstück zu dieser geschweiften Klammer geschlossen wird. Alles, was zwischen diesen beiden Klammern steht, gehört also zu main(). Zunächst ist da ein Kommentar:

```
/* Dies ist ein Kommentar */
```

Er wird durch /* eingeleitet und durch das Gegenstück */ abgeschlossen. Alles was zwischen diesen Zeichen steht, interessiert den Compiler überhaupt nicht. Er filtert es bei der Übersetzung heraus, sodaß nicht mit Kommentaren gespart zu werden braucht, da sie im lauffähigen Programm an keiner Stelle mehr auftauchen. Grundsätzlich sollte man so viele Kommentare wie möglich einbringen, um ein Programm leicht verständlich zu halten. In der Version TURBO C++ können Kommentare auch durch zwei Schrägstriche // einge-leitet werden. In der Version TURBO C 2.0 geht dies nicht. Sie enden immer am Zeilenende.

Nach dem Kommentar folgt eine Anweisung:

```
printf("Unser erstes  Programm!");
```

Dabei ist printf() wiederum eine Funktion. Sie wird uns vom Compiler zusammen mit vielen anderen in sog. Bibliotheken zur Verfügung gestellt und erlaubt die Ausgabe von Zeichenketten auf dem Bildschirm. Am Ende von printf() steht ein Semikolon ; . Dies ist in TURBO C++ ein sehr wichtiges Zeichen, da alle Anweisungen mit einem solchen Semikolon abgeschlossen werden.

Schließlich treffen wir auf die schließende geschweifte Klammer } und wissen, daß hier die Funktion main() beendet ist. Danach folgt ein weiterer Kommentar, der uns dieses Ende noch einmal verdeutlicht. Bei umfangreicheren Programmen sollte man jedoch immer kommentieren, was gerade beendet wurde, da sonst der Überblick leicht verlorengeht.

Bleibt nur noch übrig, die Einrückung des Programmtextes zu erläutern. Sie dient nur der Optik. Vom Compiler werden Leerzeichen und Tabulatoren ebenso wie Kommentare einfach überlesen.

 Sinnvolle Einrückungen (sog. *"pretty printing"*) erleichtern das Programmverständnis enorm (auch wenn sie zuweilen mühsam sind).

Es ist jedoch nicht erlaubt, innerhalb von Funktionen beliebig viele Leerzeichen einzufügen. So kann man längere Texte, die mit printf() ausgegeben werden sollen, nicht auf mehrere Zeilen verteilen. Dies geschieht aus technischen Gründen bei einigen Listings, die hier vorgestellt werden. Beim Eingeben müssen Sie darauf achten, daß Sie die Zeichenketten, also alles zwischen den beiden Hochkommas ", in einer Zeile belassen.

Um einen Text auszugeben, benötigt man wohl kaum eine Programmiersprache. Rechnen ist das A und O, also versuchen wir es in unserem zweiten Programm damit.

```
#include < stdio.h>

main()
{
        int a, berta_7;
        int sum;

        /* Wir berechnen die Summe von a und berta_7  */
        a   =   12;
        berta_7  =  5;
       ·sum  =  a + berta_7;
```

```
        printf("%d  +  %d  =  %d\n", a, berta_7, sum);

}           /*  Ende von main()  */
```

Dieses Programm nennen heiße SUM1.C . Die 1, da noch einige Dinge
verändert werden sollen, und das Programm dann durchnummeriert werden
kann. Nach der Übersetzung und dem Start sollte auf dem Bildschirm folgendes erscheinen:

```
        12  + 5  =    17
```

Was ist neu? Zunächst einmal die Zeilen int a, berta7; und int sum; .
Durch sie werden insgesamt drei Variablen **definiert**, d.h. es wird Speicherplatz zum Speichern dreier Zahlen bereitgestellt. Diese Speicherplätze heißen
auch *Variablen*, da sie, während das Programm läuft, verändert werden können. Die *Variablen* heißen a, berta_7 und sum. Vor ihnen steht das
Schlüsselwort int. Dies gibt den sog. **Typ der Variablen** an. Eine *Variable*
vom Typ int (für Integer) kann ganze Zahlen speichern. Wie man an int a,
berta_7 sieht, können gleichzeitig mehrere *Variablen* eines Typs definiert
werden.

Nach dem erklärenden Kommentar werden an die beiden Variablen a und
berta_7 **Werte zugewiesen.** An den Speicherstellen, die für a und ber-
ta_7 reserviert wurden, stehen also danach die Werte 12 und 5. Diese Werte
werden durch die Zuweisung sum = a + berta_7; miteinander verknüpft
und der *Variablen* sum zugewiesen. Schließlich werden alle drei Werte durch
printf() ausgegeben. Hier tauchen jedoch drei merkwürdige Zeichen in der
printf()-Anweisung auf. Zunächst wird die Zeichenkette ganz normal durch
Hochkommatas begonnen. Doch dahinter steht ein %d. Dies ist ein sog.
Formatsteuerzeichen. Es gibt an, daß an dieser Stelle ein Wert eingetragen
und ausgegeben werden soll. %d steht dabei für ganze Zahlen. Dort, wo also
in der Zeichenkette ein %d auftaucht, wird eine ganze Zahl eingetragen.
Welche das ist, steht hinter den schließenden Hochkommas und dem darauf-
folgenden Komma. Die erste *Variable* (hier also das a) wird an die erste Stelle,
an der %d steht, eingetragen, das berta_7 kommt an die zweite und sum an
die dritte Stelle, so daß obige Ausgabe erfolgt. Man sollte darauf achten,
immer genausoviele Formatsteuerzeichen wie *Variablen* anzugeben. Fehlen
Formatsteuerzeichen, werden einfach die überzähligen *Variablen* nicht ausgegeben. Fehlen jedoch *Variablen*, kann man im allgemeinen nicht vorhersagen,
was für die überzähligen Formatsteuerzeichen eingetragen wird.In der
printf()-Anweisung taucht jedoch noch ein merkwürdiges Zeichen auf, das
nicht auf dem Bildschirm erscheint: \n . Hier handelt es sich um ein sog.
Steuerzeichen, welches dafür sorgt, daß der Cursor eine Zeile nach unten in

die erste Position springt . Mit

```
printf("\n\n\n\n\n\n\n\n\n\n\n\n\n\n\n\n\n\n\n\n");
```

würde der gesamte Bildschirm geräumt. Ähnlich wie Steuerzeichen für einen Drucker, werden hier Steuerzeichen an den Bildschirm gesendet, die eine bestimmte Aktion hervorrufen. Weitere Steuerzeichen folgen an späterer Stelle.

Damit haben wir schon alle Symbole eines TURBO C++ Programms exemplarisch kennengelernt und wir können uns folgende Übersicht ansehen.

II.3 Notationsregeln

Ein TURBO C++ Programm setzt sich aus folgenden **Atomen** zusammen:

- ☐ **Bezeichner** (Namen für *Konstanten, Variablen, Funktionen,* etc.) bestehen aus Buchstaben, Ziffern und der Unterstreichung '_'. (Beispiele: a oder berta_7). Das erste Zeichen muß ein Buchstabe oder ein '_' sein. Die ersten acht Zeichen sind signifikant (d.h. bezeichner1 und bezeichner2 meinen dieselbe *Variable*). Groß- und Kleinschreibung werden unterschieden (also sind Bezeichner und bezeichner zwei verschiedene *Variablen*). Für normale *Variablen* ist Kleinschreibung üblich.

- ☐ **Schlüsselwörter** sind grundsätzlich klein geschrieben und reserviert (d.h. sie dürfen nicht als Namen für Variablen, Funktionen, Strukturen usw. verwendet werden).

- ☐ **Kommentare** beginnen mit einem /* und enden m iteinem */. In TURBO C++ sind auch zwei Slashes // zur Einleitung eines Kommentares zugelassen. Solche Kommentare enden am Zeilenende.

- ☐ **Trennzeichen** : An- und Zuweisungen werden durch ein Semikolon abgeschlossen (z.B. printf(...); oder a = 17;). Bezeichner und Schlüsselwörter werden durch Leerzeichen, Kommentar oder Operator getrennt. Mehrere Leerzeichen, Tabulator

oder Zeilenende werden wie ein Leerzeichen interpretiert. D.h.
An- und Zuweisungen können sich ruhig über mehrere Zeilen
erstrecken [nicht jedoch Zeichenketten in einem printf(...)].
Folgendes wäre also korrekt:

```
berta_7
= 19;
```

oder auch

```
printf("Die Gesamtanzahl betraegt %d Stueck\n",
                                    st);
```

TURBO C++ gestattet es, über eine Compiler-Option mehrere Kommentare zu verschachteln. Der allgemeine 'C'-Standard nach der ANSI-Norm verbietet sie jedoch. Wegen der Programmportabilität sollten Sie deshalb ebenfalls davon absehen.

Ein TURBO C++ Programm besteht aus Bezeichnern, Schlüsselwörtern, Kommentaren und Trennzeichen.

Überprüfen Sie Ihre bisherigen Kenntnisse bitte an folgender Übung.

Aufgabe 1:   Unterstreichen Sie bitte die falschen Stellen.

```
#include  <stdio.h>

Main()
{       int a;
        int b  /*  Wir wollen a * b rechnen  */ ;
        int 7_c;

        a  =  10;  b  =  20;
        m  =  a * b;

        /*  Nun folgt die Ausgabe
        /* der Operanden und des Ergebnisses  */
        */

        printf("Das Ergebnis lautet: ");
        printf("%d  *  %d  =  %d\n, a, b, m);
```

```
/* Wir haetten auch so schreiben koennen:   /*

printf("Das Ergebnis lautet: %d  *  %d  =  %d\n,
                                  a, b, a*b);


}        /*  Ende von main()  */
```

II.4 Ein kurzer Ausflug in die binäre Arithmetik

Wir haben bisher nur mit ganzen Zahlen vom Typ Integer gerechnet. Bevor wir uns jedoch mit weiteren **Datentypen** beschäftigen können, ist ein kleiner Ausflug in die Welt der Bits und Bytes unumgänglich, damit Sie zumindest ein grobes Verständnis über die interne Speicherung der verschiedenen Datentypen erhalten.

Ganz grob gesagt, besteht ein Computer aus zwei Hauptbestandteilen: der **zentralen Recheneinheit** (CPU für "Central Processing Unit") und dem **Hauptspeicher**. In der CPU laufen alle Rechenvorgänge ab. Sie steuert Ein- und Ausgabe, regelt Speicherzugriffe etc. Im Hauptspeicher liegen die zu verarbeitenden Daten. Dies sind zum einen das abzuarbeitende Programm und zum anderen die vom Programm benötigten Daten. Beide liegen normalerweise in unterschiedlichen Speicherbereichen, damit keine Konflikte auftreten. Die Verwaltung des Programmspeichers übernimmt das Betriebssystem für uns. Wenn ein Programm gestartet wird, wird es in den Speicher geladen und dort Schritt für Schritt abgearbeitet. Darum haben wir uns aber nicht zu kümmern. Uns interessiert nur der Datenspeicher. Es handelt sich dabei um Tausende (heutzutage meist sogar Millionen) von Speicherzellen, die jede für sich zwei Zustände kennt: *an* oder *aus*, d.h. "Strom fließt" oder "Strom fließt nicht". Man sagt, jede Speicherzelle enthält ein **Bit** (Binary Digit). Der Zustand "Strom fließt" wird mit 1 abgekürzt und "Strom fließt nicht" entsprechend mit 0. Wenn wir also die Ziffernfolge 1001101 vor uns sehen, wissen wir, daß in der ersten, dritten, vierten und sechsten Speicherzelle Strom fließt. Man sagt auch, die Bits 1, 3, 4 und 6 sind **gesetzt**.

Jeweils acht dieser Bits werden zu einer größeren Einheit zusammengefaßt (genau wie aus Gramm Kilogramm werden). Diese acht Bits werden zu einem **Byte**. Da auch ein Byte noch kein großer Wert ist, faßt man 1024 von ihnen zu einem **Kilobyte** (= 1024*8 Bits) zusammen. So hat ein moderner IBM (kompatibler) Rechner mit 640 Kilobyte Speicher also 640 * 1024 * 8 = 5.242.880 Speicherzellen.

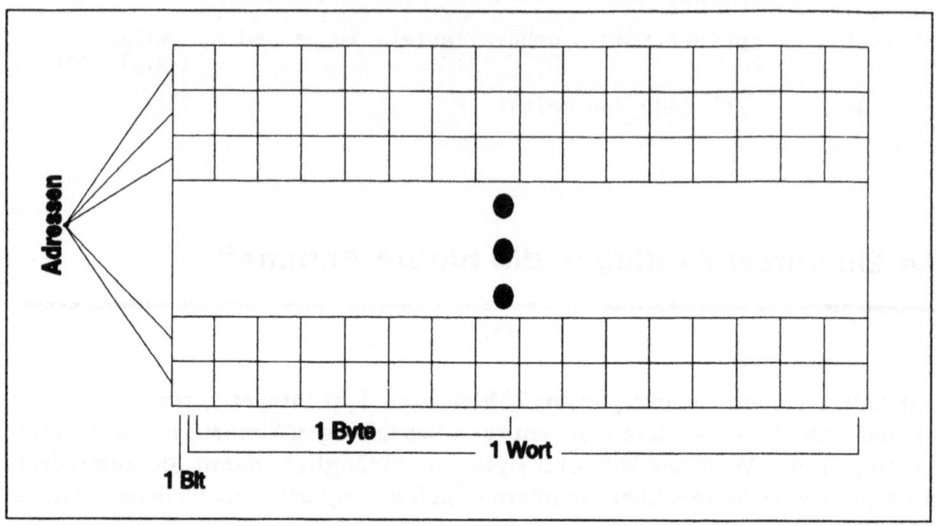

Abb.6 Hauptspeicheraufbau eines IBM (kompat.) Rechners

Die Größe Byte wird noch anders zusammengefaßt. Wie dies geschieht, ist
rechnerabhängig. So werden auf einem 16 Bit - Rechner (z.B. XT/AT - Klasse)
jeweils 2 Byte (= 16 Bit) zu einem sog. **Wort** zusammengefaßt, während bei
einem 32 Bit-Rechner (SIEMENS MX Serie, SUN Workstations etc.) ein Wort
aus 4 Byte (= 32 Bit) besteht. Diese Worte sind leider sehr wichtig für die
Speicherzugriffe, da über sie die Adressierung des Speichers vonstatten geht.
Eine Adresse im Speicher des Rechners umfaßt immer ein Wort. Man kann
sich diese Adressen als Hausnummern des Speichers vorstellen. Wenn man
dem Rechner sagt, unter einer bestimmten Adresse nachzusehen, kann er den
dort gespeicherten Wert laden und damit arbeiten. Wie dies im einzelnen
abläuft, ist jedoch eine Aufgabe der Assemblerprogrammierung, die uns so
wenig wie möglich interessieren soll. Für uns reicht es aus, zu wissen, wie die
Daten abgespeichert werden, und wieviel Platz sie dabei im Hauptspeicher
belegen.
Wir haben gesehen, daß der Computer nur zwei Ziffern kennt: 0 und 1. Wie
ist es damit aber möglich, beispielsweise die Zahl 21 zu speichern. Dabei hilft
das **Binärsystem**. Wenn man sich verdeutlicht, daß unser normales Dezimalsystem nichts anderes als eine Kombination von Zehnerpotenzen ist ($21 = 2
* 10^1 + 1 * 10^0$), dann wird die Binärdarstellung sehr schnell klar. Hier
werden keine Zehner-, sondern Zweierpotenzen betrachtet, so daß 21 umge-

wandelt wird zu:

$$10101 = 1 * 2^4 + 0 * 2^3 + 1 * 2^2 + 0 * 2^1 + 1 * 2^0$$
$$= 1 * 16 + 0 * 8 + 1 * 4 + 0 * 2 + 1 * 1 = 21$$

☞ Der Anhang enthält eine kurze Einführung in andere Zahlensysteme.

0 0 0 0 0 0 0 0 0 0 0 1 0 1 0 1

$2^4 + 2^2 + 2^0$
= 16 + 4 + 1
= 21

Abb.7 Darstellung der Zahl 21 im Computerspeicher

Aufgabe 2: Welche Zahlen werden durch 0101011 und 01111 codiert?

Aufgabe 3: Wie lautet die Codierung von 19 und 25?

Es ist uns also möglich, beliebige Zahlen so zu codieren, daß sie in einem Rechner gespeichert werden können. Stimmt dies wirklich? Was ist mit negativen Zahlen?
Wie zeigen wir dem Computer an, daß eine gespeicherte Zahl negativ ist? Wir verwenden dazu das sogenannte **2-Komplement**. Auch hier wird eine Zahl nur mit Nullen und Einsen codiert, jedoch hat nun das vorderste (am weitesten links stehende) Bit eine besondere Funktion. Es dient als sog. **Vorzeichenbit**. Das heißt, es hat nichts mehr mit dem eigentlichen Zahlenwert zu tun, sondern sagt aus, ob die Zahl positiv (0) oder negativ (1) ist. Die größte darstellbare Zahl auf 2 Byte = 16 Bit ist also 0111111111111111 = 32767, die größte negative 1000000000000000 = -32768.
Wir addieren dabei Dualzahlen genau wie dezimale, nur daß hier schon bei 2 ein Übertrag auftritt (also 1 + 1 = 0 mit Übertrag 1). Bei genauem Hinsehen sieht man, daß der Übertrag sich bis an die letzte Stelle fortsetzt. Dort kann man ihn dann einfach vergessen!

Wie bildet man nun das 2-Komplement? Bei positiven Zahlen gibt es überhaupt keine Probleme. Wir bilden die binäre Darstellung mit führender Null.
Bei negativen Zahlen ist die Sache etwas komplizierter. Zunächst bildet man
die entsprechende positive Binärzahl. Dann 'kippt' man alle Bits, d.h. aus 1
wird 0 und aus 0 eine 1. Schließlich addiert man binär eine 1 hinzu.

Beispiel: Gesucht wird die 2-Komplement Darstellung der Zahl -26 auf 2 Byte

    ❏   +26 bilden: 000000000000 11010   (führende Nullen nicht ver-
                                                                gessen!)

    ❏   Bits kippen: +11111111111100101

Weshalb sind die führenden Nullen wichtig? Nun, wenn wir +26 als 11010
gebildet hätten, wäre nach dem Kippen und addieren eine 00110 entstanden.
Die Zahl hätte also eine führende Null und wäre somit positiv, was ja offensichtlich falsch ist.
Der Vollständigkeit halber sei nun noch ein Algorithmus vorgestellt, mit dem
man aus einer binären Zahl im 2-Komplement die entsprechende Dezimalzahl
macht.

    ❏   Prüfen, auf wieviel Byte dargestellt wird. (Evtl. mit Ziffer an der
          vordersten Position auf Byte-Länge auffüllen.)

    ❏   Steht eine 1 an der vordersten Position?
          Nein   ->   also positive Zahl, die ganz normal ausgewertet
                                 wird. Gehe zu (*).
          Ja   ->   Bits 'kippen'

    ❏   Zahl von rechts nach links auswerten.

    ❏   Addition von 1

    ❏   Ein Minuszeichen - vor das Ergebnis schreiben.

    ❏   (*) fertig.

Beispiel: 2 Byte Zahl 1001101 in das Dezimalssystem umwandeln

    ❏   Darstellung auf 2 Byte, also auffüllen: 1111111111001101

    ❏   1 an vorderster Position, also kippen: 0000000000110010

□ Zahl auswerten: $1 * 2^6 + 1 * 2^5 + 1 * 2^1 = 64 + 32 + 2 = 98$

□ Addition von 1: $98 + 1 = 99$

□ - davorschreiben: -99

□ fertig

Aufgabe 4: Bilden Sie die 2-Komplement Darstellung von -40 und -127.

Aufgabe 5: Rechnen Sie binär 27 - 14 und 35 - 52.

II.5 Elementare Datentypen

Zurück zur Programmiersprache. Wir haben gesehen, wie Daten (Zahlen) intern gespeichert werden. Diese Kenntnis hilft uns nun beim Verstehen der unterschiedlichen Datentypen. Diese Datentypen heißen **elementar**, weil sie zum unmittelbaren Sprachumfang von 'C' gehören und sich damit von den zusammengesetzten Datentypen (Strukturen, Bit-Feldern und Varianten) unterscheiden.

Folgende sind in TURBO C++ vorhanden:

int: Ganze Zahlen auf Wortlänge (d.h. auf IBM (kompatiblen) Rechnern 16 Bit). Der Zahlenbereich geht also von $-2^{15} = -32.768$ bis $2^{15} - 1 = 32.767$.

short: Ganze Zahlen auf 2 Byte Länge, d.h. Zahlenbereich wie bei int auf 16 Bit - Rechnern.

long: Ganze Zahlen auf 4 Byte Länge, also Zahlenbereich wie bei int auf 32 Bit - Rechnern.

float: Gleitkommazahlen auf 4 Byte. Der darstellbare Zahlenbereich ist sehr stark systemabhängig, da er nicht vom Compiler, sondern von der internen Darstellung von Gleitkommazahlen durch

die Hardware beeinflußt wird. Auf PC's sind sechs Nachkommastellen erlaubt.

double: Gleitkommazahlen auf 8 Byte. Zum Zahlenbereich gilt dieselbe
Bemerkung wie bei float. Hier sind 15 Nachkommastellen zugelassen.

☞ Anstelle von **double** kann man auch **long float** schreiben.

Als Zusatz können alle oben angegebenen Datentypen das Schlüsselwort
unsigned vorangestellt bekommen, so daß dann nur positive Zahlen dargestellt werden können. Dadurch vergrößert sich jedoch der darstellbare Zahlenbereich nach oben um eine Zweierpotenz.

unsigned int: 0 bis 2^{16} - 1 = 65.535 (16 Bit - Rechner) bzw. 0 bis
2^{32} - 1 (32 Bit - Rechner).

unsigned short: 0 bis 65.535

unsigned long: 0 bis 4.294.967.295

unsigned float: Zahlenbereich wieder hardwareabhängig

unsigned double: wie unsigned float

Im positiven Zahlenbereich 'fehlt' jeweils eine Zahl, weil insgesamt nur 2^{Bit}
Zahlen dargestellt werden können, also z.B. bei long 2^{31} negative $+(2^{31} - 1)$
positive Zahlen sowie die 0, d.h. also insgesamt $2 * (2^{31}) = 2^{32}$ Zahlen.

Beispiel:
```c
#include <stdio.h>

main()
{       /* Als erstes wie immer die Variablendeklaration  */

        float a, berta_7;
        float sum;

        /* Wir berechnen die Summe von a und berta_7  */
        a  =  12.7;
        berta_7  =  5.2;
```

```
/*   !!!!!!!!!!!!!!!!!!!!!!!!!!!!!!!!!!!!!!!!!!
     Bitte beachten, dass in 'C' Dezimalkommas
     immer mit einem Punkt geschrieben werden.
     !!!!!!!!!!!!!!!!!!!!!!!!!!!!!!!!!!!!!!!!!! */

sum  =  a + berta_7;
printf("%f  +  %f  =   %f\n", a, berta_7, sum);
/*  Neues Formatsteuerzeichen fuer float-Werte  %f  */

}  /*  Ende von main()  */
```

Das Programm nennen wir SUM2.C. Es sollte folgende Ausgabe erzeugen:

```
12.700000  +  5.200000   =   17.900000
```

☞ Die Anzahl der Nachkommastellen ist compilerabhängig und kann durch eine Erweiterung des Formatsteuerzeichens verändert werden.

Neben den obigen fünf Datentypen für Zahlen gibt es noch einen sechsten für alphanumerische Zeichen:

char: Alphanumerische Zeichen auf 1 Byte = 8 Bit

In TURBO C++ wird der Typ char (für Character) wie alle anderen durch Zahlen dargestellt, so daß man ihm auch einen Zahlenbereich zuordnen kann und zwar $-2^7 = -128$ bis $2^7 - 1 = 127$. So repräsentiert z.B. das Zeichen 'A' die Zahl 65. Zu einem Buchstaben wird eine Variable vom Typ char einzig und allein durch das neue Formatsteuerzeichen %c.

Beispiel:

```
#include <stdio.h>

main()
{
        char ch;

        ( . . . )
        ch  =  'A';
        printf("ch  =  %c  =  %d\n", ch, ch);

        ( . . . )

}  /*  Ende von main()  */
```

Das Programm erzeugt die Ausgabe:

```
ch  =  A  =  65
```

Die Zeichen stehen also nur als Repräsentanten für ihren Wert im sog. **ASCII-Code**. Dieser Code gibt an, wie darstellbare Zeichen durch den Rechner

codiert werden. Der Computer kennt kein großes A. Für ihn ist dies die
Bitfolge 01000001 was einer dezimalen 65 entspricht. Genauso könnte man
mit anderen, ganzzahligen Variablen (Typ short, int oder long) verfahren. Um
jedoch deutlich zu machen, daß eine Variable mit Zeichen zu tun hat, sollte
der Typ char verwendet werden. Alle anderen besitzen einen größeren Zahlenbereich, der für die Darstellung von Zeichen sowieso nicht verwendet
werden kann.

Wir halten also fest, daß in TURBO C++ Variablen auf verschiedene Arten
dargestellt werden können. Intern werden sie immer als Binärzahl gespeichert,
und lediglich das Formatsteuerzeichen z.B. in einer printf() - Anweisung
bestimmt, ob eine Zahl oder ein Zeichen ausgegeben werden soll.

Diese Tatsache hat zur Folge, daß man in TURBO C++ mit Zeichen rechnen
kann.

```
#include  <stdio.h>

main()
{
        char alpha, beta;

        alpha  =  '(';
        beta  =  '0';

        printf("alpha+beta = %c = %d\n",alpha+beta, alpha+beta);

}  /*  Ende von main()  */
```

Das Programm gibt aus:

```
        alpha + beta  =  X  =  88
```

Sie sehen, nur die Formatsteuerzeichen %c bzw. %d steuern die Ausgabe. Man
hätte im obigen Beispiel als Zuweisung anstelle von alpha = '('; genausogut alpha = 40; schreiben können. Allerdings wäre letztere Zuweisung nur im ASCII - Code gültig, während die erste auf beliebigen Rechnern
laufen würde. So sollte man z.B. auch lieber ('a' - 'A') schreiben, wenn
man die Differenz zwischen einem Groß- und einem Kleinbuchstaben ermitteln möchte und nicht einfach 32, was wieder nur für den ASCII - Code gültig
wäre.

 In TURBO C++ gibt es sechs vordefinierte Datentypen: int, short,
long, float, double und char. Sie alle können ein unsigned vorange-
stellt bekommen.

II.6 Konstanten

Wir haben Sie zwar schon verwendet, doch nun soll genauer definiert werden, was man in TURBO C++ unter einer Konstanten versteht. Im Gegensatz zu Variablen besitzen sie einen festen Wert, der einem bestimmten Datentyp zugeordnet ist. In TURBO C++ gibt es zwei Klassen von Konstanten:

- **symbolische Konstanten**, die durch eine #define - Anweisung zu Beginn des Programms festgelegt werden. Darauf wird jedoch im einzelnen erst weiter hinten im Zusammenhang mit Vektoren sowie Makros eingegangen;

- **literale Konstanten**, die bisher schon verwendet wurden. So ist z.B. 'A' eine literale Konstante, da sie intern durch einen (binären) Zahlenwert dargestellt wird. Auch der ganzzahlige Wert 26 oder die Gleitkommazahl 99.9 stellen literale Konstanten dar, weil auch sie nur Stellvertreter für die interne Darstellung sind. Anstelle von 26 hätten wir auch 1A schreiben können, wobei 1A die Darstellung der dezimalen 26 im **Hexadezimalsystem** ist. Eine weitere Möglichkeit wäre es, für unsere dezimale 26 eine 32 zu schreiben, womit wir dann im **Oktalsystem** wären.

In TURBO C++ ist es also egal, ob man schreibt a = 26 ; oder a = 0X1A; , wobei 0X nur ein **Zeichen für den Compiler** ist, daß die folgende Zahl hexadezimal dargestellt wird. Wie sollte man sonst unterscheiden, ob 26 dezimal oder hexadezimal zu verstehen ist und so dem dezimalen Wert 26 oder 38 entspricht. Notiert man 0X26, ist klar, daß es der hexadezimale Wert für die dezimale 38 sein soll.

Das Zeichen für eine Darstellung im Oktalsystem ist das Voranstellen einer '0', so daß man zusammenfassend sagen kann: 38 = 0X26 = 046 .

✎ TURBO C++ kennt drei Darstellungsformen für Zahlen: Dezimale, oktale und hexadezimale Darstellung.

 Unterlassen Sie jede Notation mit führenden Nullen, wenn Sie nicht tatsächlich die oktale Schreibweise meinen.

II.7 Variablen

Im Gegensatz zu Konstanten können Variablen ihre Werte während des Programmablaufs ständig ändern. Für sie wird mit der **Variablendefinition** Speicherplatz geschaffen. Das hat zur Folge, daß sie auf beiden Seiten von Zuweisungen (also z.B. Ausdrücken wie a = b) stehen können, was bei Konstanten nicht der Fall ist. Konstanten können nur rechts stehen (sog. r-value [R-Wert] im Gegensatz zum l-value [L-Wert], für den Speicherplatz bereit gestellt werden muß).

Es ist auf den Unterschied zwischen dem **Namen** und dem **Wert einer Variablen** zu achten. Man kann sich unter einer Variablen den Namen einer bestimmten Speicherstelle vorstellen, vergleichbar mit der Beschriftung einer Schublade am Schreibtisch. Der Name der Variablen (der Schublade) bleibt unverändert, während sich der Inhalt verändern kann.

 Variablen sind Namen für Speicherstellen eines Computers.

Variablen müssen grundsätzlich vor ihrer ersten Verwendung definiert werden. Dies muß vor der ersten Anweisung in einer Funktion geschehen. Bei der Definition ist der Variablenname und der Datentyp der Variablen anzugeben.

Beispiel:

```
int zaehler, a;
char ch;
float f;
```

Es werden zwei ganzzahlige Variablen mit den Namen `zaehler` und a, eine Variable vom Typ char mit Namen `ch` und eine Gleitkommavariable vom Typ float mit Namen f definiert.

II.8 Zuweisungen

Auch Zuweisungen haben wir schon mehrfach verwendet, z.B. in der Form
a = 10; oder alpha = 'A';. Bisher standen sie immer mitten im Programm. Man kann Variablen jedoch schon sofort bei der Definition einen Wert
zuweisen, sog. **Indizieren** (Vorbesetzen), also z.B.

```
#include <stdio.h>

main()
{
        int  a = 10;
        char ch = 'C';

        ( . . . )

}     /*  Ende von main()  */
```

Ferner können Zuweisungen auch mehrfach in einer Zeile vorgenommen
werden. Sie werden dann von rechts nach links ausgewertet, z.B.

```
a  =  b  =  10;
```

Hier erhält zuerst b und dann a den Wert 10 . An diesem Beispiel sieht man
schon, daß nicht nur konstante Zahlenwerte zugewiesen werden können, sondern auch Werte von anderen Variablen. Explizit steht oben ja nichts anderes
als:

```
b  =  10;
a  =  b;
```

Die Variable a erhält also den Wert der Variablen b zugewiesen. Auch die
Ergebnisse von Rechenoperationen können zugewiesen werden, z.B.

```
b  =  10;
a  =  b + 5;
```

Hier erhält a also den Wert 15 (10 + 5). Weiter kann man eine Variable selbst
durch eine solche Zuweisung verändern. Will man z.B. den Wert von b um 20
erhöhen, so schreibt man:

```
b  =  b + 20;
```

Dies sieht auf den ersten Blick mathematische falsch aus, besagt aber nur, daß
der alte Wert von b (in Fortsetzung des Beispiels die 10) zu der 20 addiert

wird und dieser Wert (30) danach an die Variable b zugewiesen wird. Man sollte deshalb auch immer sagen: *"b erhält b + 20"* und **nicht** *"b gleich b + 20"*, weil dies tatsächlich falsch ist.

Auf dieselbe Art kann man den Wert einer Variablen vermindern, multiplizieren und dividieren. Dies wird uns jedoch erst beschäftigen, wenn es im nächsten Kapitel um arithmetische Operatoren geht.

Bevor es darum geht, wollen wir uns zum ersten Mal mit einer der Besonderheiten von TURBO C++ beschäftigen, den Abkürzungen. Man kann fast alles abkürzen und so zwar sehr kurze, aber auch häufig sehr unverständliche Programme schreiben. Ein vernünftiges Mittelmaß ist wie meistens der richtige Weg. In unserem obigen Beispiel würde jeder erfahrene TURBO C++ - Programmierer die Abkürzung wählen, die wie folgt aussieht:

```
b   +=   20;
```

Machen Sie sich bitte mit dieser Schreibweise vertraut, weil sie ständig verwendet wird. Auch sie kann mit allen Operatoren in TURBO C++ gebraucht werden.

Das Erhöhen und Erniedrigen läßt sich in einem bestimmten Fall noch weiter abkürzen, nämlich dann, wenn nur um Eins erhöht oder erniedrigt wird. So wird z.B. aus

```
             a   =   a + 1;
```
ein
```
             a++;        bzw.        ++a;
```
und aus
```
             b   =   b - 1;
```
analog ein
```
             b--;        bzw.        --b;
```

Stehen die Operatoren (++ bzw. --) hinter der Variablen, spricht man vom **Postin- bzw. Postdekrement**, stehen sie davor, heißt es **Präin- bzw. Prädekrement**. Steht eine solche Zuweisung alleine, macht es keinen Unterschied, ob der Operator vor oder hinter der Variablen steht. Interessant wird es, wenn sie in Kombination mit anderen Ausdrücken auftreten. Angenommen die Variable a besitzt zur Zeit den Wert 10, dann hat nach der Zuweisung

```
            b   =   a++;
```

die Variable b den Wert 10 und a den Wert 11, weil a erst dann erhöht wird, nachdem die Zuweisung b = a; stattgefunden hat. Man hätte also obige Zeile auch aufspalten können in

```
            b   =   a;
```

```
a   =   a + 1;
```

Das Resultat wäre dasselbe gewesen. Anders dagegen, wenn a wiederum den Wert 10 besitzt, die Zuweisung jedoch

```
b   =   ++a;
```

lautet. Nun besitzen a und b den Wert 11, weil zuerst a erhöht und dann dieser Wert an b zugewiesen wird. Wollte man hier aufspalten, hätte es

```
a   =   a + 1;
b   =   a;
```

heißen müssen.

Beim Präinkrement oder Prädekrement wird zunächst die Variable erhöht bzw. erniedrigt und dann die zugehörige Anweisung ausgeführt.
Beim Postinkrement oder Postdekrement wird erst nach der Anweisung erhöht bzw. erniedrigt.

Noch ein Beispiel für die Aufspaltung von Zuweisungen:

```
( . . . )

a   =   10;
b   =   20;
c   =   30;

c   +=   --b + a++ - 5;

( . . . )
```

Welchen Wert hat die Variable c nach dieser Zuweisung, die so nicht programmiert werden sollte, weil sie unübersichtlich ist und deshalb viele Fehlermöglichkeiten bietet. Deutlich wird das ganze, wenn man in mehrere Zeilen aufspaltet:

```
( . . . . )

a  =  10;
b  =  20;
c  =  30;
b  =  b - 1;                 /*  b wird erst auf 19 erniedrigt  */
c  =  c + b + a - 5;   /*  c =  30 + 19 + 10 - 5 = 54  */
a  =  a + 1;                 /*  erst jetzt wird a erhoeht  */

( . . . . )
```

Aufgabe 6:   Notieren Sie bitte die Ausgabe des folgenden Programms:

```c
#include <stdio.h>

main()
{
        int a, b, c  =  10;

        a  =  5;
        b  =  a++;

        printf("a = %d    b = %d \n", a, b);

        a  +=  b--;

        printf("a = %d    b = %d \n", a, b);

        a  =  b  =  20;
        a  +=  c + b;

        printf("a = %d    b = %d    c = %d \n",a,b,c--);

        c  =  ((a++) - (--b));

        /* Die Klammern um (a++) und (--b) dienen nur
           der Verdeutlichung und sind nicht unbedingt
           nötig.  */

        printf("a = %d    b = %d    c = %d \n",a,b,c);

}      /*  Ende von main()  */
```

II.9 Formatierte Ein- und Ausgabe (printf() und scanf())

Zunächst folgt nun die systematische Erläuterung der schon verwendeten Ausgabefunktion printf(). printf() steht für *print formatted* (dt. *"drucke formatiert"*). Wie wir schon gesehen haben, lautet die Syntax der Funktion:

printf(<*Zeichenkette*>, <*Argument1*>, <*Argument2*>, ...)

Zeichenkette ist dabei eine durch Hochkommata eingeschlossene Folge von beliebigen Zeichen. Neben den normalen Zeichen gibt es noch die sog. **Formatsteuerzeichen**, die jeweils die Umwandlung und Ausgabe des nächstfolgenden Arguments von printf() veranlassen. Jedes dieser Formatsteuerzeichen beginnt mit dem Zeichen %. Am Ende steht ein Zeichen, das die Umwandlung steuert. Dies kann ein d, o, x, u, c oder f sein. Für welche Datentypen dabei die einzelnen Buchstaben stehen, zeigt eine ausführliche Tabelle bei der Funktion scanf(). Diese verwendet genau dieselben Formatsteuerzeichen wie printf(). Zunächst sei jedoch noch erwähnt, daß zwischen dem % - Zeichen und der eigentlichen Formatangabe noch nähere Spezifikationen stehen können. Da ist zunächst einmal die Angabe, ob es sich um eine lange oder eine kurze Ganz- bzw. Gleitkommazahl handelt. Auf 32-Bit Rechnern beispielsweise ist der Typ short eine 'kurze' ganze Zahl, weil eine int - Zahl 4 Byte lang ist. Auf PC's entspricht int dagegen dem Typ short. Hier steht das d für einen zwei Byte langen Typen (wieder int). Hier könnten short-Variablen immer mit dem Zeichen %d ausgegeben werden. Dies sollte man jedoch wegen der Portabilität vermeiden und stattdessen %hd verwenden (hd für *half digit* = dt. *"halbe"* (*kurze*) *Ziffer*). Auf jeden Fall sollte man auf 16-Bit Maschinen long-Variablen mit dem Formatsteuerzeichen %ld (ld für engl. *long digit* = dt. *"lange" Ziffer*) verwenden.Bei Gleitkommatypen ist die Sache nicht so kompliziert, float erhält immer %f und double (bzw. long float) ein %lf.

Beispiel:
```c
    #include <stdio.h>

    main()
    {
            int a = 10;
            double d = 10002.999;
                /* oder auch long float d = ...  */
```

```
        printf("\t\t\t a = %d \t\t d = %lf \n", a, d);

        ( . . . )

    }
```

Besondere Beachtung verdient noch der Fall, daß ein Prozentzeichen selbst
ausgegeben werden soll. Dies geschieht einfach durch %%, so daß z.B.

```
        printf("Insgesamt %d%% \n", p);
```

ausgeben würde:

```
        Insgesamt 25%
```

wenn p den Wert 25 enthielte.
Zwischen % und einem der Zeichen d, o, x, u, f und c kann ein Minuszeichen
- stehen. Ist dies der Fall, wird das korrespondierende Argument linksbündig
ausgegeben. Ferner kann noch eine Ziffernkette dazwischen stehen, die angibt,
wieviele Zeichen maximal ausgegeben werden. Ist das Argument kürzer, wird
mit Leerzeichen aufgefüllt, nach rechts im einfachen Fall, nach links, wenn
ein Minuszeichen hinter dem % Zeichen steht, z.B.

```
        printf("Test:%6d%% \n", 99);
```

würde ausgeben:

```
        Test:     99%
```
während bei
```
        printf("Test:%-6d%% \n", 99);
```

die Ausgabe lauten würde:

```
        Test:99     %
```

Hinter dem % - (und einem eventuellen Minus-) Zeichen kann auch eine 0
stehen, was bewirkt, daß nicht mit Leerzeichen, sondern mit Nullen aufgefüllt
wird.

Beispiel:
```
        printf("Test:%06d%% \n", 99);
```

Ausgabe:
```
        Test:000099%
```

Hinter der Ziffer für die Feldbreite des Arguments kann schließlich noch ein
Punkt und eine weitere Ziffernkette stehen. Dadurch wird angegeben, wieviele
Stellen der gesamten Feldbreite als Nachkommastellen verwendet werden
sollne. Dies ist natürlich nur bei der Ausgabe von Gleitkommazahlen (Typ
float oder double [bzw. long float]) sinnvoll.

Beispiel:

```
printf("Test:%6.2f%% \n", 99.5);
```

Ausgabe:

```
Test: 99.50%
```

☞ Die Anzahl der Argumente bei printf() (und auch bei scanf()) muß mit
der Anzahl der Formatsteuerzeichen übereinstimmen, weil die Ausgabe
(bzw. die Eingabe) sonst undefiniert ist.

Kommen wir nun zu den Bildschirmsteuerzeichen. Wir kennen schon das \n -
Zeichen, das einen Sprung des Cursors an die erste Position der nächsten Zeile
bewirkt. Daneben soll uns momentan nur das \t Zeichen interessieren, das den
Cursor um eine **Tabulatorposition** nach rechts verschiebt. Auf IBM (kompatiblen) Rechnern sind dies neun Spaltenpositionen.

Beispiel:

```
printf("Test:  a = %d\tb = %d \n", 10, 20);
```

Ausgabe:

```
a = 10          b = 20
```

Aufgabe 7: Was geben folgende printf() - Anweisungen aus?

```
a) printf("Test:%-6.2f%% \n", 89.5);
```

```
b) printf("Test:%u \n", -20);
```

```
c) printf("Test:%d = %c \n", 65,65);
```

```
d) printf("Test:%06d = 0X%x = 0%o \n", 36,36,36);
```

```
e) printf("Test:%6.3f\t%06.3f \n", 99.5,99.0);
```

Nach der formatierten Ausgabe kommen wir nun zur formatierten Eingabe durch scanf(). Mit ihr wird es möglich, Daten von der Tastatur einzulesen .Da TURBO C++ relativ maschinennah arbeitet, ist es nicht möglich, Variablen, die von einem Hauptprogramm an ein Unterprogramm übergeben werden, so zu bearbeiten, daß die Veränderungen im Hauptprogramm wirksam werden. Um dies zu realisieren, muß man dem Unterprogramm mitteilen, an welcher Stelle, die zu verändernde Variable im Speicher steht. Diese Stelle im Speicher wird als **Adresse** bezeichnet. Um eine solche Adresse zu berechnen gibt es den Adressoperator & . In &a steht also die Adresse der Variablen a. Diese Adresse benötigt scanf(), damit es weiß, wo ein Wert eingetragen werden soll. Auf den Inhalt der Adresse wird dann im Hauptprogramm zugegriffen.

Beispiel:

```
    #include <stdio.h>

    main()
    {
            int a;
            ( . . . )
            scanf("%d", &a);
            ( . . . )

    }   /*  Ende von main()  */
```

Hier wird eine ganze Zahl (Formatsteuerzeichen %d) in die Variable a eingelesen, d.h. an der Speicheradresse &a wird von scanf() ein Wert eingetragen. Auf diese Art und Weise können wir alle bisher bekannten Typen mit Werten füllen. Was die Formatsteuerzeichen angeht, so sind alle von printf() her bekannten auch hier gültig. Allerdings ist der Compiler sehr sensibel, was die Ergänzungen zu den Formatsteuerzeichen angeht. Kann man bei der Ausgabe etwas ungenauer sein (z.B. %d statt %ld), so muß man bei der Eingabe ganz exakt sein. Nach obiger Erklärung zur Arbeitsweise von scanf() ist dies eigentlich klar. Man muß dem Compiler ganz genau mitteilen, wieviele Bytes er mit Werten füllen soll. Stellen Sie sich vor, Sie wollen eine long Variable (vier Byte) mit einem Werten füllen, Sie geben jedoch bei scanf() das Formatsteuerzeichen %d ein. Was passiert? Übergeben wird die Anfangsadresse der long Variablen. Davon werden die vorderen zwei Byte (wir verwenden %d auf einer 16-Bit Maschine!) mit einem Wert gefüllt. Alles scheint in Ordnung. Das Programm scheint korrekt zu laufen. Aber, Achtung bei der nächsten Verwendung der Variablen. Es wurden zwei Byte gelesen, die Variable operiert jedoch mit vier Bytes, so daß man praktisch nicht sagen kann, welcher Wert tatsächlich in der Variablen steht. Abb.8 verdeutlicht die Situation.
Im umgekehrten Fall, wenn also ein Formatsteuerzeichen eines "größeren" Typs auf einen kleineren Typ angewendet wird (z.B. %ld auf eine short

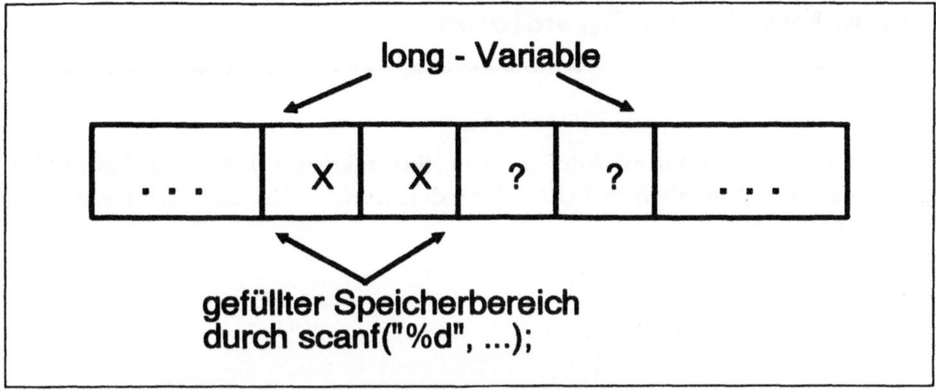

Abb.8 long Variable, von der nur zwei Bytes belegt sind

Variable), stürzt das Programm meistens sofort ab, und man kann den Fehler
suchen. Der erste Fall ist der unangenehmere, weil solche Fehler meist erst
sehr viel später im Programmablauf Wirkung zeigen.

Die wichtigsten Formatsteuerzeichen bei printf() und scanf():

%c			char - Zeichen
%hd	%d	%ld	short / int / long - Dezimalzahl
%ho	%o	%lo	short / int / long - Oktalzahl
%hx	%x	%lx	short / int / long - Hexadezimalzahl
%f			float - Gleitkommazahl
%lf			double / long float - Gleitkommazahl

II.10 Arithmetische Operatoren

Die vier Grundrechenarten Addition (+), Subtraktion (-), Multiplikation (*)
und Division (/) sind auch in TURB C++ definiert. So hat die Variable c nach
dem Programmstück

```
( . . . )

int a, b, c;
a  =  10;
b  =  4;
c  =  a / b;

( . . . )
```

den Wert 2, weil sie ganzzahlig und vom Typ int ist und so die Division nur
den ganzzahligen Teil liefert. Hätte man folgendes geschrieben:

```
( . . . )

float a, b, c;
a  =  10.0;
b  =  4.0;
c  =  a / b;

( . . . )
```

so hätte c nun den Wert 2.5 . Man spricht in diesem Zusammenhang häufig
von **ganzzahliger bzw. Gleitkomma-Division.**

☞ Die Zuweisungen a = 10.0; bzw b = 4.0; hätten auch ohne Angabe
der Nachkommastellen erfolgen können. So weiß man allerdings direkt,
daß es sich um Gleitkommavariablen handelt.

Außer dem Minuszeichen benötigen alle Operatoren zwei Operanden. Das
Minuszeichen kann auch alleine auftreten, z.B.

```
a  =  10;
b  =  -a;
```

Hier hat nun b den Wert -10. Was den Vorrang angeht, so gilt wie allgemein
üblich: **Punktrechnung vor Strichrechnung.** Sie sollten sich wegen der
Division kein Kopfzerbrechen bereiten. Zwar ist der Slash / ohne Frage ein
Strich. Die Division gehört jedoch gleichwohl zur Punktrechnung. Zusätzlich

gibt es noch einen fünften Operator, der den Rest einer Division berechnet, d.h.

```
a  =  11 % 4;
```

weist an die Variable a den Wert 3 zu, weil 11 durch 4 eine 2 und einen Rest von 3 liefert. Genau diesen Rest ermittelt der Operator % . Man nennt ihn auch Modulo-Operator und spricht die obige Rechnung: "11 **modulo 4**", also 11 modulo 4 gleich 3.

☞ Da nur bei ganzzahliger Division ein Rest auftaucht, ist der Modulo-Operator auch nur bei ganzzahligen Variablen (Typ char, short, int und long) zulässig.

Die Modulo-Operation zählt zu den Punktrechnungen und hat so denselben Vorrang. Möchte mandiesen verändern, so kann man die Ausdrücke klammern. Fehlen Klammern und treffen Operationen mit demselben Vorrang aufeinander, so wird von links nach rechts ausgewertet.

Aufgabe 8:   Lösen Sie bitte folgende Aufgaben:

```
a) 10 % 4 + 8 / 3  =

b) -6 + 3 * 2 % 4  =

c) 10 / -4 + 17 % -5  =

d) 5 * (-3 * -2) % (4 + -1)  =
```

Genau wie wir es schon von + und - her kennen, sind auch für die anderen Grundrechenarten die abkürzenden Schreibweisen möglich. Das heißt also:

```
a  =  a % 10;
```

läßt sich in TURBO C++ schreiben als

```
a %  =  10;
```

II.11 Datentypumwandlung

Häufig ist es nötig, Variablen verschiedenen Typs, also beispielsweise long-
und double-Variablen, miteinander zu verknüpfen. Zwar realisiert TUR-
BO C++ die meisten solcher Umwandlungen "selbständig", man sagt auch
implizit. Sie sollten jedoch eigenhändig programmiert werden, um Programme
portabel zu halten. Dazu dient die sog. **explizite Typumwandlung**, die eine
Variable eines bestimmten Typs für eine Operation in einen anderen Typ
umwandelt. Explizit, weil sie im Gegensatz zur impliziten Typumwandlung
vom Programmierer erledigt werden muß. Die Variable an sich ändert also
ihren Typ nicht, sie wird nur für eine Operation temporär umgewandelt. Als
Beispiel sei das Problem gegeben, zwei ganze Zahlen vom Typ long dividieren
zu wollen. Das Ergebnis soll jedoch nicht ganzzahlig, sondern ein Dezimalbruch sein. Sei z.B. `long a, b;` und `a = 10;` sowie `b = 4;` Schrieben wir
nun

```
printf(" Division: %d \n", (a/b));
```

so würde die Ausgabe lauten:

```
Division: 2
```

weil die Rechnung ganzzahlig durchgeführt wird, und so der Rest unter den
Tisch fällt. Anders dagegen bei einer expliziten Typumwandlung mit einem
sog. **cast-Operator**. Dieser Operator ist nichts anderes als der in runde Klammern gefaßte Typ, in welchen umgewandelt werden soll, z.B. `(float)`.
Unser Ziel erreichen wir demnach durch

```
printf(" Division: %f \n", (float)(a)/(float)(b));
```

Die Variablen a und b werden für diese eine Operation in Variablen vom Typ
float umgewandelt, bei deren Division bekanntlich Nachkommastellen be-
rücksichtigt werden. Machen Sie sich diese Schreibweise klar, weil sie uns in
diversen Zusammenhängen wieder über den Weg laufen wird. Im übrigen ist
natürlich auch der umgekehrte Weg möglich, daß z.B. Variablen vom Typ float
in long umgewandelt werden. Dies bedeutet jedoch Informationsverlust, weil
Nachkommastellen verloren gehen.

Beispiel:

```
#include <stdio.h>

main()
{

        int a;
        float f;
        ( . . . )
        scanf("%f", &f);
        a = (int)f;      /*  explizite Typumwandlung  */

        printf(" %f ist ca. %d \n", f, a);

        ( . . . )
}   /*  Ende von main()  */
```

Gibt man hier z.B. eine 5.6 ein, so lautet die Ausgabe: `5.6 ist ca. 5`
Es wird also nicht gerundet, sondern einfach hinter dem Dezimalkomma
abgeschnitten.

 Bei einer expliziten Typumwandlung gehen Informationen verloren,
wenn man einen Typ mit höherer in einen mit geringerer Genauigkeit
umwandelt.

II.12 Bedingte Bewertung

Die bisherigen Programme hatten - neben ihrer Kürze - eines gemeinsam. Sie
besaßen einen linearen Verlauf. Das heißt, jede Anweisung wurde vom Programm ausgeführt. Ein wesentliches Merkmal einer höheren Programmiersprache ist jedoch das Ausführen von Programmteilen unter bestimmten Bedingungen. Diese Bedingungen lassen sich umgangssprachlich mit "Wenn-
dann-Beziehungen" umschreiben ("Wenn morgen schönes Wetter ist, schwän-
ze ich den Unterricht."). In TURBO C++ verwendet man dazu die sog. **if-Anweisung.** Sie hat die Form:

if (<Ausdruck>) <Anweisung>

Hierbei ist if ein neues Schlüsselwort, das wie immer klein geschrieben
werden muß. Der Ausdruck hinter dem if steht in runden Klammern und ist
in der Regel eine **Bedingung**, von denen in TURBO C++ folgende zur Verfügung stehen:

> Vergleichsoperatoren in TURBO C++ :
>
> | | |
> |---|---|
> | < | kleiner als |
> | > | größer als |
> | < = | kleiner oder gleich |
> | > = | größer oder gleich |
> | = = | gleich |
> | ! = | nicht gleich (ungleich) |

Beispiel:

```
#include <stdio.h>

main()
{
        short a, b;

        printf(" Bitte geben Sie zwei ganze Zahlen ein: ");
        scanf("%hd %hd", &a, &b);
        if (a < b)
            printf(" %hd ist kleiner als %hd \n", a, b);

}   /*  Ende von main()  */
```

Der Text "%hd ist kleiner als %hd \n" wird also nur dann ausgegeben,
wenn a tatsächlich echt kleiner als b ist. Ansonsten passiert nach der Eingabe
nichts. Es ist unerheblich, wo die Anweisung steht, die ausgeführt werden soll,
wenn die Bedingung zutrifft. Der Optik wegen bevorzugt man die oben
gewählte Schreibweise. Wichtig ist, daß nach einer if-Anweisung nur die
unmittelbar folgende Anweisung als davon abhängig betrachtet wird. Hätte
man im obigen Beispiel geschrieben:

```
if (a < b)
    printf(" %d ist kleiner ", a);
    printf("als %d \n", b);
```

so wäre zwar durch das Einrücken klar, was gewollt ist, nämlich die Ausführung beider printf()-Anweisungen. Den Compiler hätte das jedoch nicht ge-
kümmert. Er hätte z.B. bei einer Eingabe von 6 und 4 ausgegeben:

```
als 4
```

weil die zweite printf()-Anweisung als unabhängig von der if-Anweisung
betrachtet wird und in jedem Fall ausgeführt wird. Die Lösung des Problems
ist die Zusammenfassung von mehreren Anweisungen zu einem **Block**. Dieser
wird dann vom Programmablauf her wie eine Anweisung betrachtet. Ein
solcher Block wird durch die schon bekannten geschweiften Klammern realisiert. Im obigen Beispiel hätte man also schreiben müssen:

```
if (a < b)
{
    printf(" %hd ist kleiner ", a);
    printf("als %hd \n", b);
}
```

☞ Überall, wo von nun an ein Block stehen kann, wird in den Syntax-
beschreibungen <Anweisung*> notiert.

Es hindert einen übrigens niemand daran, auch um eine einzelne Anweisung
die geschweiften Klammern zu setzen. Manchen erleichtert es die Sache, weil
man dann gezwungen ist, sich darüber Gedanken zu machen, was zu einer
if-Anweisung gehört und was nicht. Ferner ist die Stellung der geschweiften
Klammern frei wählbar. Manche Programmierer bevorzugen z.B. die Schreibweise:

```
if (a < b){    printf(" %hd ist kleiner ", a);
               printf("als %hd \n", b);   }
```

Beachten Sie bitte, daß hinter der if-Anweisung kein Semikolon steht. Die
Erfahrung zeigt, daß solche Fehler sehr häufig von Anfängern gemacht werden. Was bewirkt z.B. folgendes Programmstück, wenn der Benutzer 6 und 4
eingibt?

```
if (a < b);
    printf(" %hd ist kleiner als %hd \n", a, b);
```

Nun, es wird ausgegeben 6 ist kleiner als 4, was offensichtlich Unsinn
ist. Der Ausdruck a < b   wird ausgewertet und in Abhängigkeit davon wird
das nachfolgende Semikolon ausgeführt. Dies stellt eine sog. **leere Anweisung**
dar. Es passiert also gar nichts. Danach ist für den Compiler die if-Anweisung

beendet und es wird der nachfolgende Text ausgegeben, egal welchen Wert a
und b haben.
Das obige Beispiel ist noch nicht ganz vollständig, denn es ist nicht zufrie-
denstellend, daß der Benutzer keine Nachricht erhält, wenn a größer oder
gleich b ist. Um dies zu erreichen, erweitert man die if-Anweisung zu einer
if-else-Anweisung, deren Syntax lautet:

if (<Ausdruck>) <Anweisung1*> else <Anweisung2*>

Falls der Ausdruck in den runden Klammern zutrifft, wird die erste Anwei-
sung(sfolge) ausgeführt, ist sie falsch, die zweite. Als Struktogrammsymbol
schreibt man folgendes:

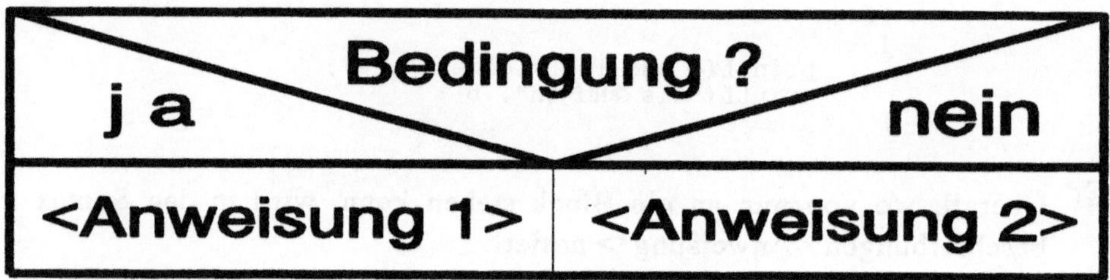

Abb. 9 Struktogrammsymbol für eine if-else-Anweisung

Beispiel:
```
    #include <stdio.h>

    main()
    {
            short a, b;

            printf(" Bitte geben Sie zwei ganze Zahlen ein: ");

            scanf("%hd %hd", &a, &b);

            if (a <  b)
                printf(" %hd ist kleiner als %hd \n", a, b);
            else
                printf(" %hd ist groesser oder gleich %hd \n",a,b);

    }           /*  Ende von main()   */
```

Auch hier können wieder mehrere Anweisungen hinter dem else durch einen
Block zusammengefaßt werden.

Was ist nun mit *Ausdruck* tatsächlich gemeint? Im Beispiel wurde ein logischer Vergleich ausgewertet: a < b . Trifft die Bedingung zu, wird die erste, trifft sie nicht zu, wird die zweite Anweisung ausgeführt. Wann trifft jedoch ein Ausdruck zu? In 'C' ist dies der Fall, wenn er einen Wert ungleich Null zurückliefert. Das heißt also   a < b liefert einen Wert zurück. Man kann diesen Wert sogar an eine Variable zuweisen, z.B. c = (a < b); Ist a nun tatsächlich kleiner als b, d.h. der Ausdruck trifft zu, hat die Variable c den Wert 1, ansonsten 0. Dieser Wert wird nun von der if-else-Anweisung dazu benutzt, zum entsprechenden Programmstück zu verzweigen.

Beachten Sie bitte ganz besonders den Vergleich auf Gleichheit. Er heißt in TURBO C++ tatsächlich == , z.B. if (a == b) (. . .) , und kann zu fatalen Fehlern führen. Es ist nämlich so, daß auch eine Zuweisung der Form a = 10; einen Wert hat, und zwar immer 1 (wahr), wenn die Zuweisung durchgeführt werden konnte und 0 (falsch), wenn dies nicht der Fall war, weil a z.B. einen falschen Typ hat. In der Regel ist ein solcher Ausdruck demnach immer wahr, so daß der else-Zweig nie erreicht wird.

Neben den einfachen Vergleichsoperatoren >, <, >=, <=, == und != können auch Verknüpfungen dieser Operatoren vorkommen ("Wenn morgen schönes Wetter ist **und** mein Geld reicht, gehe ich in's Schwimmbad.") Solche Verknüpfungen werden durch die **logischen Operatoren** verwirklicht:

 Verknüpft man zwei Bedingungen durch ein && (UND), so ist die zusammengesetzte Bedingung genau dann wahr (d.h. sie hat den Wert 1), wenn beide einzelnen Bedingungen wahr sind

Für | | (ODER) gilt: Die zusammengesetzte Bedingung ist wahr, wenn mindestens eine Teilbedingung wahr ist.

Schließlich gibt es noch die Verneinung durch ! . Dies ist ein sog. unitärer Operator, weil er nur einen (lat. *"unus"*) Operanden, d.h. eine Bedingung behandelt. Die mit ! verknüpfte Bedingung ist wahr, wenn die ursprüngliche Bedingung falsch war und umgekehrt.

Übersichtlich lassen sich alle drei Operatoren durch die sog. Wahrheitstafeln beschreiben. Dabei bedeutet 1 wahr und 0 falsch:

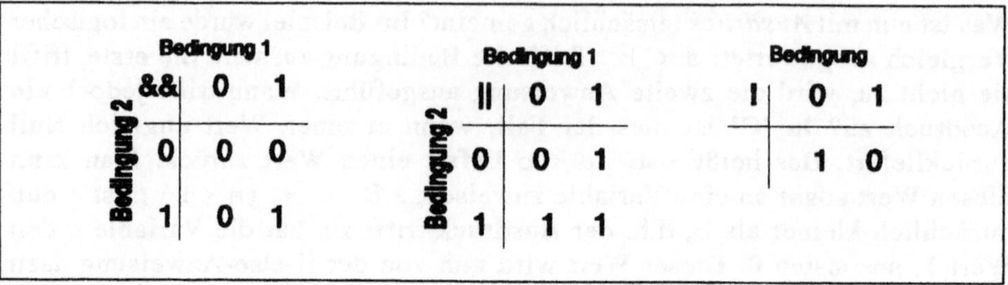

Abb. 10 "Wahrheitstafeln"

Beispiel:

```c
    #include <stdio.h>

    main()
    {
            /*     Folgendes Programm liest ein Zeichen von der
                   Tastatur und gibt aus, ob es im Alphabet
                   vorkommt oder nicht.  */

            char ch;          /*     Definition einer Variablen ch
                                     zur Aufnahme eines Zeichens */

            printf("\t Bitte ein bel. Zeichen eingeben: ");
            scanf("%c", &ch);


            printf("\t %c ist ", ch);
            if (((ch >= 'A') && (ch <= 'Z'))    ||
                ((ch >=  'a') && (ch <= 'z')))
                  /*  Ja, also ein Buchstabe  */
                  if (ch <= 'Z') /*   Verschachtelte if-Anw.!!! */
                        printf("ein Grossbuchstabe. \n");
                  else
                        printf("ein Kleinbuchstabe. \n");
            else
                  printf("kein Buchstabe. \n");

    }         /*  Ende von main()  */
```

Auf eine bedingte Anweisung kann also eine weitere folgen, sodaß mehrfache
Fallunterscheidungen möglich sind. Beachten Sie bitte die Vergleichsrouti-
nen. Dort wird ein bestimmter Bereich des ASCII-Codes getestet, ohne explizit auf die Codes einzugehen. Anstelle von z.B. `ch >=  'A'` hätte man
natürlich genauso gut `ch >= 65` schreiben können
Auch im else-Zweig sind weitere bedingte Anweisungen möglich.

Beispiel:

```c
#include <stdio.h>

main()
{
        short n;

        printf("\t Geben Sie bitte eine ganze Zahl ein: ");
        scanf("%hd", &n);

        printf("\t %hd ist ", n);
        if (n >  0)
            printf("positiv! \n");
        else
            if (n == 0)
                printf("null! \n");
            else
                printf("negativ! \n");

}       /*  Ende von main()  */
```

Die Verschachtelung von mehreren Bedingungen hat jedoch auch ihre Tücken.

Beispiel:

```c
#include  <stdio.h>

main()
{
        short n;

        printf("\t Bitte geben Sie eine ganze Zahl ein: ");
        scanf("%hd", &n);

        printf("\t %hd ist ", n);

        if (n >  0)
            if (n % 2 == 0)
                printf("positiv und gerade! \n");
            else ;      /* <-- auf diese Zeile kommt es an!!!  */
        else
            printf("nicht positiv! \n");

}       /*  Ende von main()  */
```

Ohne die Zeile

```c
        else ;
```

bezieht der Compiler die Zeile

```c
        else
            printf("nicht positiv! \n");
```

auf das zweite

```
if (n % 2 == 0)
```

Bei einer Eingabe von z.B. -1 gibt das Programm gar nichts aus, obwohl die
Zahl doch nicht positiv ist. Ähnlich falsch ist der Programmablauf bei einer
Eingabe von 3 . Hier gibt das Programm etwas aus und zwar "nicht posi-
tiv!" . Dies ist jedoch offensichtlich wieder falsch.

Aufgabe 9:

Schreiben Sie ein Programm, das ein beliebiges Zeichen von der Tastatur
einliest und überprüft, ob es eine Ziffer ist. War es eine Ziffer, soll geprüft
werden, ob sie größer oder kleiner gleich fünf ist. War es keine Ziffer, soll der
ASCII - Code des Zeichens ausgegeben werden.

II.13 Mehrfache Fallunterscheidung

Bisher wurde gezeigt, wie man mit if, else if und else eine Auswahl aus drei
Möglichkeiten programmieren kann. Selbstverständlich können durch weitere
Verschachtelungen von if-else-Anweisungen auch Auswahlen aus beliebig
vielen Möglichkeiten programmiert werden. Dies führt jedoch sehr rasch zu
unübersichtlichen Ausdrücken. Häufig anzuwenden ist folgende Alternative,
die **switch()-Anweisung**. Ihre Syntax lautet:

```
switch(ganzzahliger Ausdruck)
{
        case <Konstante>:      <Anweisung*>
        case <Konstante>:      <Anweisung*>
                  .
                  .
                  .
        case <Konstante>:      <Anweisung*>
        ( default :            <Anweisung*> )
}
```

Die switch()-Anweisung wird folgendermaßen bearbeitet: Zunächst wird der
ganzzahlige Ausdruck hinter dem Schlüsselwort switch ausgewertet. Dieser
Ausdruck wird mit den Konstanten hinter den sog. case-Marken verglichen.
Stimmt eine dieser Konstanten überein, springt das Programm zu dieser Marke
und fährt dort fort.

Beispiel:

```
    #include <stdio.h>

    main()
    {
            short a;

            ( . . . )
            scanf("%hd", &a);   /*  Einlesen  */
            printf("\n\t %hd ist ... \n", a);

            switch(a)               /*  Hier die Fallunterscheidung  */
            {
                case 9: printf("\t groesser als 8 \n");
                case 8: printf("\t groesser als 7 \n");
                case 7: printf("\t groesser als 6 \n");
                case 6: printf("\t groesser als 5 \n");
                case 5: printf("\t groesser als 4 \n");
                case 4: printf("\t groesser als 3 \n");
                case 3: printf("\t groesser als 2 \n");
                case 2: printf("\t groesser als 1 \n");
                case 1: printf("\t groesser als 0 \n");
                default: printf("\t Das war's! \n");
            }    /*  Ende von switch(a)  */

            ( . . . )

    }   /*  Ende von main()  */
```

Angenommen, der Benutzer gibt eine 4 ein, dann lautet die Ausgabe:

```
            4 ist ...
            groesser als 3
            groesser als 2
            groesser als 1
            groesser als 0
            Das war's!
```

Man sieht, das Programm springt zur übereinstimmenden Konstanten und führt
von dort an alle nachfolgenden Anweisungen aus. Es werden also auch alle
die Anweisungen ausgeführt, die hinter den nachfolgenden case-Marken stehen.

 Die switch()-Anweisung ist die einzige, in der mehrere Anweisungen innerhalb eines case-Blockes nicht durch geschweifte Klammern zusammengefaßt werden müssen.

Die Angabe der **default-Marke ist optional**, d.h. sie kann weggelassen werden. Existiert sie nicht und ist keine passende case-Marke vorhanden, passiert nichts und das Programm arbeitet hinter der schließenden Klammer '}' der switch()-Anweisung weiter. Die default-Marke muß nicht am Ende stehen, und auch bei den case-Marken muß keine Reihenfolge beachtet werden. Sie müssen lediglich alle voneinander verschieden sein.

Diese Form der mehrfachen Fallunterscheidung wird jedoch so gut wie nie gebraucht. Zumeist will man **echte Alternativen** programmieren und möchte nicht, daß das Programm auch alle nachfolgenden Anweisungen ausführt. Hierbei schafft die Anweisung `break;` Abhilfe. Setzt man ein solches `break;` an das Ende einer case-Anweisungsfolge, springt das Programm sofort hinter die schließende geschweifte Klammer der gesamten switch()-Anweisung. Hieraus ergibt sich eine leicht veränderte Syntax:

```
switch(ganzzahliger Ausdruck)
{
        case <Konstante>:   <Anweisung*>
                            break;
        case <Konstante>:   <Anweisung*>
                            break;

                    .
                    .
                    .

        case <Konstante>:   <Anweisung*>
                            break;
        ( default :         <Anweisung*> )
}
```

Erst so stimmt die Syntax mit dem üblichen Struktogrammsymbol für eine mehrfache Fallunterscheidung überein. Auch dort wird davon ausgegangen, daß nur eine Alternative ausgeführt wird.

Beispiel:

```c
#include <stdio.h>

main()
{
        short wahl;

        ( . . . )
        printf(" Geben Sie bitte '1' fuer ja, '2' fuer Nein
                  und '3' , wenn Sie es nicht wissen ein: ");
        scanf("%hd", &wahl);

        switch(wahl)
        {
            case 1:   printf(" Sie haben Ja gewaehlt \n");
                      ( . . . )
                      break;
            case 2:   printf(" Sie haben Nein gewaehlt \n");
                      ( . . . )
                      break;
            case 3:   printf(" Die Loesung lautet: ");
                      ( . . . )
                      break;
            default: printf(" Ungueltige Eingabe! \n");
        }     /* Ende von switch(wahl)  */

        ( . . . )

}         /* Ende von main()  */
```

Aufgabe 10: Einfacher Tischrechner

In Anlehnung an das obige Beispiel soll von Ihnen ein ganz einfacher Tisch-
rechner programmiert werden. Zunächst soll auf dem Bildschirm die Aufforderung, zwei ganze Zahlen einzugeben, erscheinen. Danach soll der Benutzer
eine der folgenden fünf Ziffern eingeben:

1 , um die Zahlen zu addieren (+)

2 , um die Zahlen zu subtrahieren (-)

3 , um die Zahlen zu multiplizieren (*)

4 , um die Zahlen (als Dezimalbruch) zu dividieren (/)

5 , um den Rest der Division der beiden Zahlen zu berechnen (%)

Wird keine dieser fünf Ziffern eingegeben, so soll das Programm eine kurze
Fehlermeldung ausgeben und abbrechen.

a) Entwerfen Sie ein ausführliches Struktogogramm.

b) Schreiben Sie den TURBO C++ Quellcode für das Programm.

☞ Um die Division als Dezimalbruch auszugeben, muß eine explizite Typumwandlung programmiert werden.

II.14 Die for-Schleife

Neben dem bedingten Abarbeiten von Anweisungen, das in den beiden vorangegangenen Kapiteln mit der if-else- und der switch()-Anweisung eingeführt
wurde, sind Schleifen ein weiteres elementares Merkmal höherer Programmiersprachen. In TURBO C++ gibt es drei solcher Schleifenkonstruktionen,
die alle untereinander austauschbar sind. An erster Stelle steht die for-Schleife. Hierbei wird solange eine Anweisung oder ein Anweisungsblock wiederholt, bis ein bestimmter Ausdruck falsch ist. Die Syntax der for-Schleife
lautet:

$$\text{for(<Ausdruck1>; <Ausdruck2>; <Ausdruck3>)}$$
$$\text{<Anweisung*>}$$

Dabei haben die drei Ausdrücke folgende Funktionen:

- ❑ *Ausdruck1* initialisiert die Schleifenvariable, d.h. hier wird ein
  Startwert festgelegt, mit dem die Schleife begonnen wird.

- ❑ *Ausdruck2* besteht meistens aus einem Vergleichsoperator. Er bestimmt, wann die Schleife abgebrochen wird. Sie wird also solange
  durchlaufen, wie *Ausdruck2* wahr (!= 0) ist.

- ❑ *Ausdruck3* verändert meistens die Schleifenvariable.

Jeder dieser drei Ausdrücke kann weggelassen werden. Es entstehen dann
entartete for-Schleifen. Zunächst jedoch das Struktogrammsymbol für eine
for-Schleife und dann ein "normales" Beispiel:

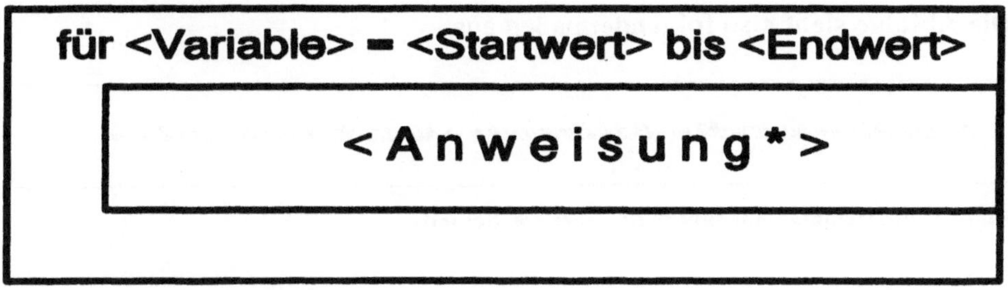

für <Variable> = <Startwert> bis <Endwert>

<Anweisung*>

Abb.11 Struktogrammsymbol einer for-Schleife

```c
#include <stdio.h>

main()
{
        unsigned short i;   /* Dies ist die Schleifenvariable */
        int zahl, sum = 0;

        ( . . . )

        printf("\t Geben Sie bitte ein, wieviele Glaeser
        Bier Sie in den letzten 5 Tagen getrunken haben \n");

        for(i = 1; i <= 5; i++)
        {
            printf("\t %hd. Tag: ", i);
            scanf("%d", &zahl);
            sum += zahl;
        }   /*  Ende von for (i = ...)  */

        printf("\tDurchschnitt: %f Glaeser\n",(float)(sum)/5.0);

}       /*  Ende von main()  */
```

Hier werden fünf ganze Zahlen eingelesen, addiert und schließlich durch fünf dividiert, so daß der durchschnittliche Konsum berechnet wird.

Schematisch kann man sich den Ablauf einer for-Schleife folgendermaßen vorstellen:

- ❐ *Ausdruck1* wird ausgeführt

- ❐ *Ausdruck2* wird ausgeführt (bewertet). War die Bedingung erfüllt, wird der Schleifenrumpf, d.h. die Anweisungen, die vom for abhängen (meist ein Block von Anweisungen), ausgeführt.

- ❐ *Ausdruck3* wird ausgeführt und wieder zur Bewertung von *Ausdruck 2* gesprungen

Die Abfolge sieht also folgendermaßen aus:

Abb.12 Programmablauf innerhalb einer for-Schleife

Sie wiederholt sich solange bis *Ausdruck2* nicht mehr wahr ist, d.h. im obigen
Beispiel, bis i nicht mehr kleiner oder gleich fünf ist.

> Die for-Schleife wird angewendet, wenn innerhalb des Programms
> klar ist, wie oft eine bestimmte Anweisung(sfolge) wiederholt werden
> soll.

Das waren die "normalen" Fälle. TURBO C++ wäre jedoch nicht die Sprache
der Abkürzungen, wenn es nicht noch ein paar Besonderheiten gäbe.
Wie oben schon erwähnt, kann jeder der drei *Ausdrücke* innerhalb der for-
Schleife weggelassen werden. Die zugehörigen Semikolons müssen jedoch
stehenbleiben. Unsere obige Schleifenkonstruktion zur Berechnung des Bier-
konsums ließe sich auch so formulieren:

```
for(i = 1; i <=  5;)    /*  Das Semikolon MUSS stehenbleiben  */
{
        printf("\t Geben Sie bitte ein, wieviele Glaeser
        Bier Sie in den letzten 5 Tagen getrunken haben \n");

        /* Nun die Erhoehung innerhalb der printf()-Anw. */
        printf("\t %hd. Tag: ",i++);
        scanf("%d", &zahl);
        printf("\t %hd. Tag: ", i++);
        sum += zahl;
}       /*  Ende von for (i = ...)  */
```

Hier wird das Heraufzählen der Schleifenvariablen in der printf()-Anweisung
mit erledigt. Beachten Sie bitte, daß zuerst der Wert von i ausgegeben und
dann erhöht wird (Postinkrement).
Das war die Möglichkeit, den letzten Ausdruck wegzulassen. Eine interessante
Alternative ergibt sich, wenn man mehrere Anweisungen innerhalb eines
Ausdrucks zusammenfaßt. Dies geschieht dadurch, daß die einzelnen Anweisungen nicht durch ein Semikolon, sondern durch ein Komma voneinander
abgetrennt werden. Man hat dann die Möglichkeit, den gesamten Schleifen-

rumpf in den Kopf der for-Schleife zu integrieren. Damit sähe unser Beispiel
so aus:

```
for(i = 1; i < 5;printf("\t Geben Sie bitte ein,...");
  printf("\t %hd. Tag: ", i++), scanf("%d", &zahl), sum += zahl)
       ;
```

Sie sollten sich solche Konstruktionen (zumindest am Anfang) nicht zur
Gewohnheit machen, weil sie sehr fehleranfällig sind. Bleibt noch zu erwähnen, was das einzelne Semikolon unter der for-Schleife soll. Hier handelt es
sich um eine leere Anweisung, weil der Compiler ja nicht wissen kann, daß
alle gewünschten Aktionen schon innerhalb des Schleifenkopfes ablaufen und
er zumindest eine vom for abhängige Anweisung erwartet. Hätte man das
Semikolon weggelassen, wäre fünfmal der Text `"Durchschnitt:... "`
ausgegeben worden.

 Außer durch geschweifte Klammern können mehrere Anweisungen
durch Kommas zusammengefaßt werden.

Solche Zusammenfassungen von Anweisungen innerhalb des Schleifenkopfes
tauchen meistens nur dann auf, wenn es mehrere Zählvariablen gibt. Angenommen, man benötigt eine Schleife mit zwei Schleifenvariablen i und j. Die
Variable i soll bei 0 starten und j von einem zuvor festgelegten Wert t
abwärts laufen, bis i erreicht ist. Dann kann man sehr elegant folgendes
formulieren:

```
for(i = 0, j =  t; i < j; i++, j--)
{
        ( . . . )
}
```

Beachten Sie bitte auch hier die drei Ausdrücke:

Ausdruck1:	i = 0, j = t	Initialisierung
Ausdruck2:	i < j	Abbruchbedingung
Ausdruck3:	i++, j--	Verändern der Schleifenvariablen

Unser bisheriges Beispielprogramm ist noch recht unflexibel, erlaubt es doch
nur die Berechnung des Durchschnittskonsums von genau fünf Tagen. Besser
wäre es, eine Abbruchbedingung zu finden, die solange Eingaben zuläßt, bis
beispielsweise eine 0 eingegeben wird. Auch hierbei hilft uns eine for-Schleife, nun jedoch eine völlig entartete, in der alle drei Ausdrücke weggelassen

werden und somit eine sogenannte **Endlosschleife** entsteht. Der Begriff meint, daß innerhalb des Schleifenkopfes keine Abbruchbedingung enthalten ist, sodaß für den Abbruch auf anderem Wege gesorgt werden muß. Hierzu dient die schon bekannte break-Anweisung. Ein solches break innerhalb einer beliebigen Schleife (also auch innerhalb der noch folgenden) bewirkt den sofortigen Sprung aus der Schleife heraus, hinter den Schleifenrumpf. Um dieses "Herausspringen" im Struktogramm deutlich zu machen, verwendet man das in Abb.13 gezeigte Symbol:

Abb.13 Struktogrammsymbol der break-Anweisung

Unser flexibleres Programm sähe demnach so aus:

```c
#include <stdio.h>

main()
{
        unsigned short zaehler = 0;
        long zahl, sum = 0; /*  long ist fuer starke Trinker  */

        printf("\t Geben Sie bitte Ihren Bierkonsum ein!\n");
        printf("\t     (Abbruch durch Eingabe von 0) \n");
        for(;;)    /*  Die Semikolas muessen trotzdem stehen!  */
        {
            printf("\t %hd. Tag: ", ++zaehler);
            scanf("%ld", &zahl);

            if(zahl == 0) break;     /*  Abbruchbedingung!!!  */

            sum += zahl;
        }    /*  Ende von for(;;)  */

        /*   Weil die letzte eingegebene Zahl eine 0 war und
             deshalb nicht beruecksichtigt werden darf, muss
             die Zaehlvariable zaehler um eins erniedrigt
             werden.  */

        zaehler--;
        printf("\t Mittelwert von %d Zahlen: %.2f \n",
            zaehler, (double)sum / (double)zaehler);

}        /*  Ende von main()  */
```

Schließlich existiert noch eine neue Anweisung, die relativ selten auftaucht. Gemeint ist die **continue-Anweisung**. Sie kann an jeder beliebigen Stelle im Anweisungsblock einer for- (oder einer der noch folgenden) Schleife stehen und hat zur Folge, daß sofort ein neuer Schleifendurchlauf beginnt und die Schleife nicht bis zur letzten Anweisung durchlaufen wird. Dies ist z.B. sinnvoll, um zu verhindern, daß in unserem Programm negative Werte eingegeben werden.

Abb.14 Struktogrammsymbol der continue-Anweisung

Beispiel:

```c
#include <stdio.h>

main()
{
        /*  Es soll der Bierkonsum nur fuer pos. Zahlen
            berechnet werden.  */

        unsigned short zaehler, poszaehler;

        /*  Die zusaetzliche Zaehlvariable poszaehler wird
            benoetigt, um die Anzahl der positiven Zahlen
            festzuhalten.  */

        long zahl, sum = 0;
        zaehler = poszaehler = 0;

        printf("\t Geben Sie bitte Ihren Bierkonsum ein!\n")
        printf("\t (Abbruch der Eingabe durch 0) \n");

        for(;;)        /*  Wieder eine Endlosschleife  */
        {
            printf("\t %hd. Tag: ", ++zaehler);
            scanf("%ld", &zahl);

            if(zahl == 0) break;      /*  Abbruchbedingung  */

            if(zahl <  0) continue;
            /*  Sofort neuen Schleifendurchlauf beginnen  */

            sum += zahl;   /*  Sonst war es eine pos. Zahl  */
            poszaehler++;

        }    /*  Ende von for(;;)  */
```

```
        printf("\t Durchschnitt: %f Glaeser\n",
                          ((float)sum / (float)poszaehler));
}              /*  Ende von main() */
```

Aufgabe 11: Multiplikation durch Addition

Schreiben Sie ein Programm, das zwei positive ganze Zahlen von der Tastatur
einliest und deren Produkt nur mit Hilfe von Additionen berechnet.

Beispiel: 3 * 5 = 5 + 5 + 5 = 15

a) Entwerfen Sie ein vollständiges Struktogramm

b) Schreiben Sie den TURBO C++ Quellcode für das Programm

Aufgabe 12:

Erweitern Sie Ihr Programm aus der vorangegangenen Aufgabe so, daß auch
negative ganze Zahlen verarbeitet werden können.

Abschließende Bemerkung zur for-Schleife:
Bisher wurden die for-Schleifen immer noch relativ "normal" verwendet. Es
ist jedoch noch einiges möglich. Dazu muß man wissen, daß in TURBO C++
beinahe jede Anweisung einen Wert zurückliefert und somit als Ausdruck
betrachtet werden kann. Nehmen wir z.B. unsere printf()-Anweisung. Auch
sie liefert einen Wert zurück, und zwar die Anzahl der ausgegebenen Zeichen,
sodaß nach einer Anweisung der Form

```
     a =  printf("Hallo");
```

die Variable a den Wert 5 enthält, weil 5 Zeichen ausgegeben wurden. Es
hindert einen niemand, auch eine (oder mehrere) printf()-Anweisungen in
einer for-Schleife zu verwenden.

Beispiel:

```
#include <stdio.h>

main()
{
        for(printf("Otto"); printf(" ist "); printf("doof \n"))
            printf("sehr ");
}  /* Ende von main()  */
```

Die erste printf()-Anweisung steht an der Stelle von *Ausdruck1*, wird also
einmal am Schleifenanfang ausgeführt. Danach wird *Ausdruck2* bewertet, hier
also der Text " ist " ausgegeben. Man mache sich klar, daß der *Ausdruck2*
wahr - weil von 0 verschieden - ist. Es werden immer fünf Zeichen ausgegeben,
sodaß die Schleife wohl niemals enden wird. Der Schleifenrumpf besteht nur
aus einer weiteren printf()-Anweisung und muß deshalb nicht geklammert
werden. Nachdem dieser Text ausgegeben wurde, folgt die Bewertung von
Ausdruck3, wieder eine Textausgabe. Insgesamt erzeugt das Programm also
folgende Ausgabe:

```
Otto ist sehr doof
ist sehr doof
ist sehr doof
ist sehr doof
. . .
```

So würde es weitergehen bis an das Ende aller Tage, weil die Abbruchbedingung printf(" ist "); niemals erreicht wird, d.h. den Wert 0 erhält.
Machen Sie sich die Ablaufreihenfolge klar. Sie sollten solche Konstrukte,
zumindest am Anfang, nicht verwenden. Eingefleischte 'C'-Programmierer
verwenden sie allerdings gerne, weil sie häufig zu Abkürzungen führen.

II.15 Die while-Schleife

Die letzten Beispiele zur for-Schleife waren keine Zählschleifen im eigentlichen Sinn mehr. Sie endeten bei einer bestimmten **Abbruchbedingung**, von
der vorher nicht klar war, nach wievielen Schleifendurchläufen sie erreicht
würde. Diese Form von Schleifen wird im Allgemeinen nicht mit einer for-
Schleife realisiert. Zur Programmierung von Schleifen, die bei einer Bedingung abbrechen, verwendet man meist folgende Konstruktion:

while(<Ausdruck>)
<Anweisung*>

Hier wird der Schleifenrumpf durchlaufen, solange eine Bedingung erfüllt ist.

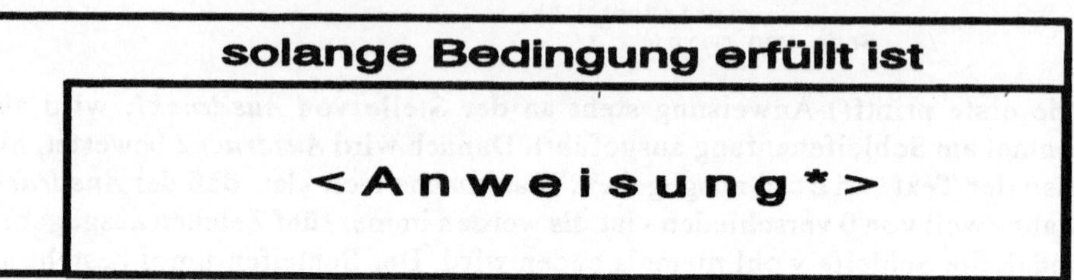

Abb. 15 Struktogrammsymbol einer while-Schleife

Betrachten wir noch einmal das Beispielprogramm zum durchschnittlichen Bierkonsum. Mit einer while-Schleife sähe es so aus:

```c
#include <stdio.h>

main()
{
        unsigned short zaehler = 0;
        long zahl, sum = 0;
        printf("\t Geben Sie bitte Ihren Bierkonsum ein!\n");
        printf("\t     (Abbruch durch Eingabe von 0) \n");

        zahl = 1; /*   Die Variable zahl muss mit einem
                       Wert ungleich 0 initialisiert werden,
                       weil sonst die Schleife gar nicht
                       begonnen wuerde.  */

        while(zahl  != 0)          /*  KEIN Semikolon  */
        {
            printf("\t %hd. Tag: ", ++zaehler);
            scanf("%d", &zahl);
            sum += zahl;
        }  /*  Ende von while(zahl != 0)  */


        /*   Weil die letzte eingegebene Zahl eine 0 war,
             muss der Zaehler wieder um eins erniedrigt
             werden!  */

        zaehler--;
```

```
            printf("\t Durchschnitt: %f Glaeser\n",
                                  ((float)sum / (float)poszaehler));


      }           /*  Ende von main()  */
```

Man sieht, daß ein kleiner Trick verwendet werden mußte, damit die Schleife überhaupt begonnen wurde. (Die Variable `zahl` mußte auf einen Wert ungleich 0 gesetzt werden.) Dieses Problem kann in manchen Fällen durch eine zweite Form der while-Schleife, die sog. **do-while-Schleife** , umgangen werden. Ihre Syntax lautet:

      do

         <Anweisung*>
      while(Ausdruck);   <- Man beachte das Semikolon!

Hierbei findet der Test der Abbruchbedingung erst statt, nachdem die Schleife mindestens einmal durchlaufen wurde. Im Struktogramm "rutscht" die Abbruchbedingung vom Kopf an das Ende des Symbols.

Abb. 16 Struktogrammsymbol einer do-while-Schleife

Das obige Beispiel lautet dann in der dritten und wohl auch 'C'-typischsten Formulierung:

```
#include  <stdio.h>

main()
{
        unsigned short zaehler = 0;
        long zahl, sum = 0;

        printf("\t Geben Sie bitte Ihren Bierkonsum ein!\n");
        printf("\t    (Abbruch durch Eingabe von 0) \n");
```

```
        do
        {
            printf("\t %hd. Tag: ", ++zaehler);
            scanf("%d", &zahl);
            sum +=zahl;
        }while(zahl != 0); /*  Hier mit Semikolon!!!  */

            zaehler--;
            printf("\t Durchschnitt: %f Glaeser\n",
                            ((float)sum / (float)poszaehler));

        }           /*  Ende von main()  */
```

Auch diese beiden Schleifenkonstruktionen können ein break bzw. continue enthalten. Die Verwendung ist völlig analog zur for-Schleife.

Eine Bemerkung zu den Semikolons: Am besten stellt man sich das Semikolon
als Aufforderung an den Rechner vor, eine Anweisung auszuführen. Solche
Anweisungen haben immer eine unmittelbare Folge, so z.B. ein printf() eine
Textausgabe oder eine Variablenzuweisung der Form a = 10; eine Wertver-
änderung. In jedem Fall folgt eine Art Aktion. Anders dagegen bei den sog.
Kontrollstrukturen , z.B. if-else-Anweisungen oder Schleifen. Sie steuern
den Programmablauf und haben selbst keine unmittelbar meßbaren Auswirkungen, d.h. ihnen muß nicht mitgeteilt werden, daß nun eine Aktion stattfinden soll. Deshalb bekommen sie kein Semikolon.

☞ Abgesehen von do-while-Schleifen erhalten Kontrollstrukturen KEIN
Semikolon!

✎ Abbruchbedingungen, wenn irgend möglich, OHNE == bzw. ! = formulieren!

?   *Wenn ein Fehler entdeckt und korrigiert wurde, stellt sich heraus,*
daß es schon zu spät ist.
Folgerung: Nachdem die Korrektur falsch war, wird es unmöglich
sein, den Anfangszustand wiederherzustellen.

Aufgabe 13:

Schreiben Sie ein Programm, das eine **beliebige Anzahl von Gleitkommazahlen** von der Tastatur einliest. Befindet sich der Wert zwischen 30 und 127, soll sofort das entsprechende Zeichen des ASCII - Codes ausgegeben werden. In jedem Fall soll nach der Eingabe das Maximum, das Minimum und der Mittelwert aller bisher eingelesenen Zahlen ausgegeben werden. Beendet wird die Eingabe durch die Zahl 0.0 .

a) Erstellen Sie zunächst ein vollständiges Struktogramm.

b) Programmieren Sie den TURBO C++ Quellcode.

☞ Bei der Ermittlung des Zeichens aus dem ASCII-Code soll nicht gerundet, sondern einfach hinter dem Dezimalkomma abgeschnitten werden (siehe auch Datentypumwandlung).

II.16 Sprünge und Marken

Die goto-Anweisung wird nur der Vollständigkeit halber erwähnt. Sie wird an keiner weiteren Stelle auftauchen, weil sie im völligem Gegensatz zu einer strukturierten Programmierung steht. Als einzig sinnvolle Anwendung sei ein Sprung aus einer mehrfach verschachtelten Schleifenkonstruktion erwähnt. Aber auch hier sind andere Hilfsmöglichkeiten vorzuziehen. Selbst wenn es den BASIC- und COBOL-Programmierern unter Ihnen schwerfallen wird, sollte in TURBO C++ kein goto verwendet werden. Die Syntax lautet:

```
( . . . )
goto <Bezeichner>
( . . . )
<Bezeichner>:
( . . . )
```

Die Stelle *<Bezeichner>*: nennt man auch **Marke** oder **Label**. Sie muß innerhalb derselben Funktion wie die zugehörige goto-Anweisung liegen.

 Vermeiden Sie das goto, wenn es irgendwie zu umgehen ist!

II.17 Vektoren

Wenn wir bisher eine Variable definiert haben, so war es immer nur eine, z.B.
`int a;` . Es gibt jedoch diverse Probleme, die eine Fülle von Variablen
benötigen, so z.B. jede Form von Tabellenverwaltung. Es wäre reichlich
umständlich, hier jede einzelne Variable separat zu definieren. Deshalb gibt
es die Möglichkeit, auf einmal ein ganzes **Feld** von Variablen zu schaffen.
Man spricht auch von **indizierten Variablen.** Gegenüber einer normalen
Variablendefinition ändert sich nur eine Kleinigkeit. Wir setzen in eckigen
Klammern [] hinter den Variablennamen, wie groß das Feld sein soll, also
definiert z.B. `long a[100];` 100 Variablen vom Typ long. Man sagt auch,
daß ein neuer Typ geschaffen wurde, der 100 long-Werte enthält. Der Name
der Variablen diesen Typs ist a.
Im Programm spricht man die einzelnen Variablen durch den Namen und ihren
Index an, z.B. `a[1] = 17;` oder `scanf("%d", &a[0]);` . Wenn man
beispielsweise 100 Werte in einer Schleife einlesen möchte, schreibt man:

```
( . . . )
for(i = 0; i < 99; i++)
{
    printf("%d. Wert: ", i+1);
    scanf("%d", &a[i]);
}
( . . . )
```

Wichtig ist hier zu beachten, daß das erste Element tatsächlich a[0] ist und
das letzte somit a[99]! Deshalb spricht man auch besser nicht vom ersten,
sondern vom **vordersten Element**

 Im Unterschied zu anderen Programmiersprachen müssen in TUR-
BO C++ Felder immer mit dem Index 0 beginnen.

Die Anzahl an Feldelementen eines Vektors wird meistens zu Programmbeginn durch eine Konstante festgelegt. Dies geschieht durch das neue Schlüsselwort #define. Der Gatterzaun ist ein Zeichen für den **Preprozessor**,
einen Teil des eigentlichen Compilers, der lediglich Textersetzungen vor-
nimmt. Überall, wo im Programm eine mit #define festgelegte **symbolische
Konstante** festgelegt wurde, ersetzt der Preprozessor, den Text, so daß z.B.
nach einem

```
#define MAXIMUM 10000
```

immer, wenn im Programm die Konstante MAXIMUM auftaucht, der Preprozessor eine 10000 einsetzt. Der Vorteil ist offensichtlich. Ändert sich eine solche
Konstante einmal, so muß man nur in der #define-Anweisung eine Änderung
vornehmen und nicht an diversen Stellen im Programmtext. Bitte beachten Sie,
daß hinter einer #define-Anweisung kein Semikolon steht. Es ist eine allgemeine Vereinbarung, symbolische Konstanten groß zu schreiben.

Beispiel:

```
#include <stdio.h>
#define OBERGRENZE 1000/* Maximal 1000 Feldelemente */

main()
{
        long a[OBERGRENZE];

        /* Nun braucht man bei der Programmierung nicht immer
        genau zu wissen, wieviele Elemente das Feld umfasst. */

        for(i = 0; i < OBERGRENZE; i++)
              a[i] = 0;   /* Initialisierung des Vektors */
        ( . . . )
}       /* Ende von main()  */
```

Neben den eindimensionalen Vektoren sind auch **mehrdimensionale Vektoren** möglich. Um beispielsweise einen zweidimensionalen Vektor mit neun
Elementen zu definieren, fügt man lediglich einen weiteren Feldbegrenzer
hinzu, z.B. long a[3][3]; . Das Feld a hat danach neun Elemente:
a[0][0], a[0][1], a[0][2], a[1][0], usw. So geht es mit beliebig
vielen Dimensionen weiter. Die maximale Anzahl ist lediglich durch den

Hauptspeicher beschränkt. Es ist jedoch zu beachten, daß die Größe eines
Feldes mit jeder zusätzlichen Dimension exponentiell anwächst.
Genau wie "normale" Variablen können auch Vektoren bereits während ihrer
Definition einen Wert erhalten. Um beispielsweise einem Vektor aus fünf
Elementen bei der Definition die Werte 10, 20, 30, 40 und 50 zuzuweisen,
schreibt man folgendes:

```
#include  <stdio.h>

main()
{
        int a[] = {10, 20, 30, 40, 50};   /* Hier die
                                              Initialisierung  */

        unsigned short i;
        for(i = 0; i< 5; i++)
             printf("\t\t\t a[%d]  =  %d\n ", i, a[i]);

}       /* Ende von main() */
```

Interessant ist hier, daß die Größe des Vektors, also die Anzahl an Elementen,
nicht angegeben werden muß. Durch die Initialisierung mit den fünf Werten
legt der Compiler automatisch die korrekte Größe fest. Man hätte natürlich
auch genausogut

```
int a[5] = {10, 20, 30, 40, 50};
```

definieren können. Dies hätte jedoch den Nachteil, daß bei einer eventuellen
Vergrößerung des Vektors auch die Feldgrenze immer mit geändert werden
muß.

 Werden Vektoren bei der Definition initialisiert, kann eine Dimen-
sionsgrenze weggelassen werden.

Das obige Programm liefert folgende Ausgabe:

```
a[0]  =  10
a[1]  =  20
a[2]  =  30
a[3]  =  40
a[4]  =  50
```

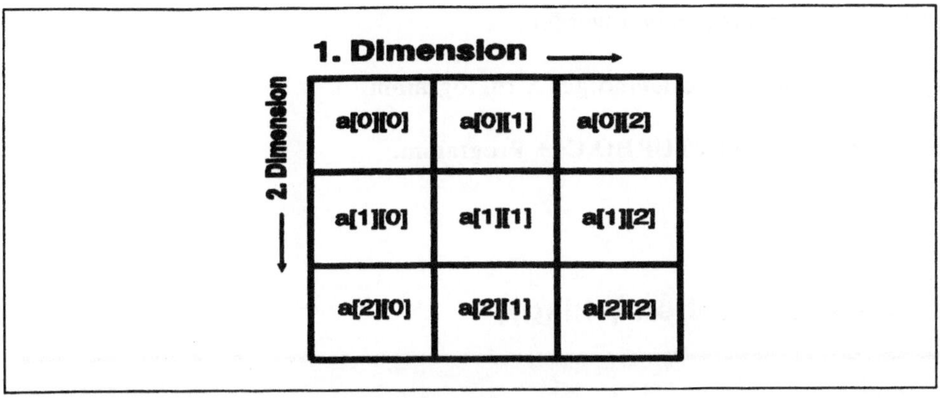

Abb.17 Zweidimensionales Feld mit neun Elementen

☞ Eine Initialisierung von Feldern mit geschweiften Klammern ist nur bei der Definition zulässig und während des Programmablaufs nicht gestattet! Dort muß man die Werte an die einzelnen Komponenten zuweisen.

Auch mehrdimensionale Vektoren können auf diese Art initialisiert werden. Will man beispielsweise ein Feld aus 3 x 3 Elementen auf Null setzen, so schreibt man:

```
int a[3] [3]  = {    0, 0, 0,
                     0, 0, 0,
                     0, 0, 0  };
```

Hier kann nur die erste Dimensionsgrenze weggelassen werden, weil der Compiler nicht wissen kann, wieviele Elemente er pro Dimension verwenden soll. Anstelle von `int a[3] [3] ;` hätte es ja auch `int a[1] [9] ;` heißen können und es wären wiederum neun Elemente reserviert worden. Korrekt ist also:

```
int a[] [3]  = {    0, 0, 0,
                    0, 0, 0,
                    0, 0, 0   };
```

Aufgabe 14:

Schreiben Sie ein Programm, das maximal 1000 Gleitkommazahlen von der Tastatur einliest. Beendet wird die Eingabe durch die Zahl 0.0. Danach soll für jede der eingegeben Zahlen die Abweichung vom Maximum, Minimum und Mittelwert ausgegeben werden.

a) Erstellen Sie ein vollständiges Struktogramm.

b) Schreiben Sie das TURBO C++ Programm.

II.18 Zeichenketten (strings)

Die bisherige Verwendung von Variablenfeldern bringt schon eine Menge
Vorteile. Noch wichtiger werden sie aber im folgenden. Vielleicht ist Ihnen
schon aufgefallen, daß es uns noch nicht möglich ist, ganze Abfolgen von
Zeichen in einer Variablen zu speichern. Das einzige, was wir speichern
konnten, war ein einzelnes Zeichen. Dies wird sich nun ändern und wir können
Zeichenketten bearbeiten. Zuvor folgt jedoch noch die Einführung eines Kom-
mandos, mit dem sich der Speicherbedarf einer Variablen oder eines Typs
ermitteln läßt.
Wir haben schon in einem früheren Kapitel gesehen, daß die einzelnen Speicherzellen (Bits) des Rechners zu sog. Wörtern zusammengefaßt sind. Ein
solches (Speicher-) Wort bildet immer eine Adresse. Auf IBM (kompatiblen)
PC's ist ein Wort zwei Byte groß. Jedem solchen Wort ist eine **Speicheradresse** zugeordnet. Wenn man nun dynamisch seinen Speicher zur Programmlaufzeit verwalten will, so muß man natürlich wissen, wieviel Speicher für eine
neue Variable bereitgestellt werden muß. Bei den standardmäßig vorgegebe-
nen Variablentypen bereitet das keine Schwierigkeiten. Eine Variable vom
Typ char benötigt ein, eine vom Typ short zwei, eine vom Typ long vier Byte
usw. Was ist jedoch mit Vektoren? Hier wäre es recht mühsam, jedesmal von
Hand den Speicherbedarf auszurechnen, d.h. die Anzahl der Elemente abzu-
zählen. Deshalb stellt TURBO C++ ein eigenes Kommando zur Verfügung. Es
heißt **sizeof(<Typ>)** oder **sizeof(<Variable>)** und gibt den Speicherbedarf
des (der) als Argument übergebenen Typs (Variablen) in Bytes aus. Man kann
also als Argument sowohl Typen als auch Variablen angeben.

Beispiel:

```
#include <stdio.h>

main()
{
        char st[100];  /*  100 Werte vom Typ char  */
        int a;

        ( . . . )

        printf("\n\tSpeicherbed. Typ char\t=  %d Bytes\n",
                                        sizeof(char));
        printf("\n\tSpeicherbed. Typ short\t=  %d Bytes\n",
                                        sizeof(short));
        printf("\n\tSpeicherbed. Typ int\t=  %d Bytes\n",
                                        sizeof(a));
        printf("\n\tSpeicherbed. Typ long\t=  %d Bytes\n",
                                        sizeof(long));
        printf("\n\tSpeicherbed. Typ double\t=  %d Bytes\n",
                                        sizeof(double));
        printf("\n\tSpeicherbed. Feld st =  %d Bytes\n",
                                        sizeof(st));

                ( . . . )
}   /*  Ende von main()  */
```

Das Programm liefert lediglich folgende Ausgabe:

```
        Speicherbed. Typ char        =  1 Byte
        Speicherbed. Typ short       =  2 Bytes
        Speicherbed. Typ int         =  2 Bytes
        Speicherbed. Typ long        =  4 Bytes
        Speicherbed. Typ double      =  8 Bytes
        Speicherbed. Feld st         =  100 Bytes
```

**Nun kommen wir zum eigentlichen zentralen Thema, den Zeichenketten.
Angenommen, wir haben folgendes Programmstück vor uns:**

```
#include  <stdio.h>

main()
{
        char st[] = {'S', 'O', 'N', 'N', 'E', 'N', 'S', 'C',
                     'H', 'E', 'I', 'N'};
        unsigned short i, anz;

        anz = (sizeof(st) / sizeof(char));
        /* Berechnung der Anzahl an Elementen im Vektor st[] */

        printf("\n\t\t\t");  /* Nur fuer eine Leerzeile */

        for(i = 0; i < anz; i++)
            printf("%c", st[i]);

}   /*  Ende von main()  */
```

Wir haben uns einen Vektor aus einer bestimmten Anzahl an Elementen vom
Typ char geschaffen. Das Element st[0] enthält das Zeichen 'S', das
Element st[1] das Zeichen 'O', usw. Demnach lautet die Ausgabe:

```
SONNENSCHEIN
```

Woher weiß das Programm nun, wieviele Elemente es ausgeben soll? In der
for-Schleife heißt es

```
for(i = 0; i  anz; i++)
```

Es werden also so viele Elemente ausgegeben, wie es die Variable anz angibt.
Diese Variable hat durch die Zuweisung

```
anz = (sizeof(st) / sizeof(char));
```

einen Wert erhalten. Und zwar wird der Speicherbedarf des Vektors st durch
den Speicherbedarf einer Variablen vom Typ char dividiert.
Der Speicherbedarf von st beträgt im obigen Fall zwölf Byte, weil der Vektor
aus zwölf Elementen vom Typ char besteht, die alle ein Byte benötigen,
sizeof(st) ergibt also eine 12 und sizeof(char) eine 1, so daß 12 /
1 = 12 gerechnet wird. Hier hätte man das ganze noch per Hand ausrechnen
können. Bei größeren Vektoren und größeren Datentypen ist die angegebene
Methode sicher einfacher und sie ist zudem noch portabel, d.h. nicht rechnerabhängig.
Die obige Initialisierung durch char st[] = {'S', 'O', ... }; ist
ziemlich umständlich und läßt sich zum Glück abkürzen. Anstelle bei jedem
einzelnen Zeichen die Hochkommata zu schreiben, genügen doppelte Hochkommata am Anfang und am Ende der Initialisierung.

```
char st[] = {"SONNENSCHEIN"};
```

Es ist allerdings immer noch recht unkomfortabel, die Ausgabe des Textes
durch eine for-Schleife zu realisieren. Hier hilft ein neues Formatsteuerzeichen für unsere printf()-Anweisung, nämlich %s. Die kürzeste Version des
Programms lautet schließlich:

```
#include <stdio.h>

main()
{
        char st[] = {"SONNENSCHEIN"};

        printf("\n\t\t\t");        /*  Nur fuer eine Leerzeile  */

        printf("%s", st);

}        /*  Ende von main()  */
```

Durch die printf()-Anweisung mit dem Formatsteuerzeichen %s wird der komplette Vektor st ausgegeben. Wir benötigen keine weiteren Variablen. Problematisch ist jedoch noch das Vorbesetzen mit Werten. Bisher mußten wir jedem einzelnen Element einen Wert zuweisen. Nur wenn dies bereits bei der Definition geschah, ging das ganze einigermaßen komfortabel, aber auch diese Möglichkeit ist oft nicht der Weisheit letzter Schluß. Es kommt häufiger vor, daß man eine Zeichenkette während des Programmablaufs einlesen möchte, um das Programm persönlicher zu gestalten, indem man den Benutzer immer mit seinem Namen anspricht. Auch hier hilft das neue Formatsteuerzeichen %s.Dieses Mal wird es jedoch mit scanf() verwende

```
#include  <stdio.h>

main()
{
        char name[20];

        ( . . . )

        printf("\n\t Geben Sie bitte Ihren Namen ein: ");

        scanf("%s", name);   /*  Kein  &  !!!  */

        printf("\n\t Herzlich Willkommen, %s!\n", name);

        ( . . . )

}  /*  Ende von main()  */
```

Der Benutzer wird nach seinem Namen gefragt und fortan immer persönlich vom Programm angesprochen. Hier ist die Größenangabe beim Vektor name[20] unumgänglich, weil beim Programmbeginn nicht feststeht, wie der Benutzer heißt und wieviel Speicherplatz für seinen Namen bereitgestellt werden muß. Man sollte die Dimensionierung großzügig wählen. Um zu verhindern, daß dennoch zu viele Zeichen eingegeben werden, kann man dem

%s eine Zahl hinzufügen, die angibt, wieviele Zeichen maximal eingelesen werden sollen, also z.B.

```
scanf("%20s", name);
```

Ganz wichtig ist, daß hier zum ersten Mal kein & (Kaufmanns-Und) beim Einlesen mit scanf() verwendet wird. Dies hängt damit zusammen, daß in der Variablen name tatsächlich schon eine Adresse steht, die an scanf() übergeben wird.

 **Der Name eines Feldes ohne Index meint immer die Adresse, ab der das Feld abgespeichert ist.**

Gibt man nun als Namen beispielsweise 'Hans' ein, so besteht der Vektor name aus folgenden fünf (!) Elementen: name[0] = 'H', name[1] = 'a', name[2] = 'n', name[3] = 's' **und** name[4] = '\0'. Die ersten vier Elemente sind klar. Sie wurden durch scanf() eingelesen. Woher kommt nun das fünfte Zeichen '\0'? Dies ist die Codierung des abschließenden Returns am Ende der Eingabe. So kann nachgeprüft werden, ob das Ende einer Zeichenkette erreicht wurde.

Aufgabe 15:

Schreiben Sie ein Programm, das eine maximal 100 Zeichen lange Zeichenkette von der Tastatur einliest, alle Klein- in Großbuchstaben umwandelt und die Zeichenkette umdreht, d.h. aus Hallo soll ein OLLAH werden. Otto bleibt natürlich OTTO.

a) Erstellen Sie ein vollständiges Struktogramm.

b) Schreiben Sie den TURBO C++ Quellcode.

☞ Es gibt (mindestens) zwei Lösungsmöglichkeiten. Die etwas kompliziertere hat den Vorteil, daß dort tatsächlich das Feld mit der Zeichenkette verändert wird. Versuchen Sie auf jeden Fall, mit einem Feld auszukommen.

Aufgabe 16:

Diese Aufgabe ist nicht nur wegen der Programmiertechnik interessant, sondern gibt darüber hinaus einen kleinen Einblick in Fortentwicklungszyklen, wie sie stark vereinfacht in der Realität ablaufen. Es handelt sich um das sehr bekannte Programm " L E B E N " oder auch " L I V E ", von dem Sie eventuell schon etwas gehört haben.
Es geht darum, Generationswechsel zu simulieren. Dazu sei ein quadratisches Brett der Länge 8 gegeben. (Die Größe spielt keine Rolle und sollte durch ein #define LAENGE 8 ohne Probleme zu verändern sein.) Jedes Feld des Brettes kann mit einem Stein besetzt sein (1) oder nicht (0). Der Stein wird als Individuum aufgefaßt, das auf diesem Feld "lebt". Die Situation auf dem Feld wird nun generationsweise verändert, wobei für jede Generation **alle Felder gleichzeitig** nach folgenden Regeln verändert werden.

☐   Ein Stein bleibt stehen ("überlebt die Generation"), wenn auf den (höchstens acht) Nachbarfeldern insgesamt genau 2 oder 3 Steine stehen.

☐   Ein Stein wird entfernt ("stirbt"), wenn auf den (höchstens acht) Nachbarfeldern insgesamt weniger als zwei oder mehr als drei Steine stehen ("sterben an Isolierung oder Überbevölkerung").

☐   Ein Stein wird auf ein bisher leeres Feld gesetzt ("wird geboren"), wenn auf den (höchstens acht) Nachbarfeldern insgesamt genau drei Steine stehen.

Entwickeln Sie ein TURBO C++ Programm, das zunächst die Anfangssituation von der Tastatur einliest und dann beliebig viele Generationen nachvollzieht, bis der Benutzer das Programm beendet. Ein Struktogramm ist nicht unbedingt verlangt, erleichtert die Aufgabe jedoch erheblich.

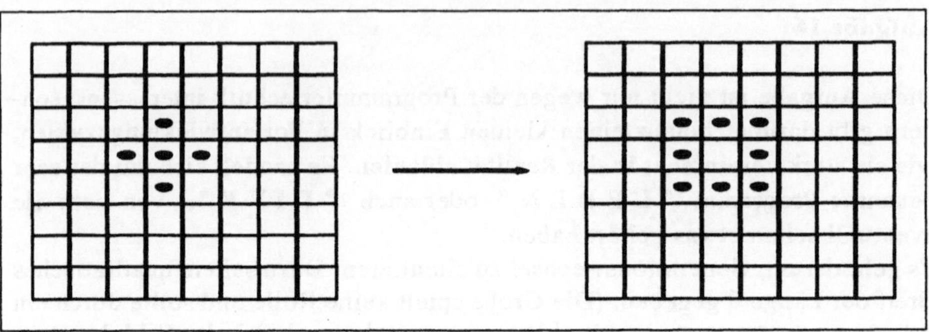

Abb. 18 Generationswechsel im Spiel LEBEN

☞ Da sich für eine Generation die Situation auf allen Feldern gleichzeitig verändert, kommen Sie nicht ohne ein Hilfsfeld aus, in der die Folgegeneration aufgebaut wird.
Ein Feld von **(LAENGE + 2) * (LAENGE + 2)** vereinfacht die Situation wesentlich.

?   Jedes Programm, in das sich ein Fehler einschleichen kann, wird auch einen enthalten.

III Strukturierte Programmierung

Nachdem die elementaren Merkmale eines 'C'-Programms eingeführt wurden,
die in ähnlicher Form in fast allen höheren Programmiersprachen existieren,
beschäftigen sich die folgenden Abschnitte mit typischeren 'C'-Konstruktio-
nen. Natürlich werden auch hier teilweise Dinge behandelt, die es in anderen
Sprachen auch gibt. So geht es im ersten Kapitel um Unterprogramme. Diese
heißen in 'C' jedoch anders und zwar ...

III.1 Funktionen

Grundsätzlich besteht ein 'C'-Programm fast ausschließlich aus Funktionen.
Die bisherigen Übungsprogramme waren alle recht einfach gehalten und be-
standen aus einer einzige Funktion, und zwar aus 'main()'. Diese Funktion
unterscheidet sich nur dadurch von allen übrigen in einem 'C' - Programm,
daß sie immer als allererste ausgeführt wird. Alle anderen Merkmale sind
gleich.

 **Eigenschaften einer TURBO C++ Funktion:**

> 1. Funktionen können einen Wert zurückliefern
> 2. Funktionen können mit Argumenten aufgerufen werden.

Ohne genauer darauf einzugehen, wurde im bisherigen Verlauf schon mit zwei
speziellen Funktionen gearbeitet, mit printf() und scanf(). Sie besitzen beide
Eigenschaften einer Funktion. Sie werden mit Argumenten aufgerufen. Bei
printf() waren dies eine Zeichenkette und evtl. zugehörige Variablen, bei
scanf() ein oder mehrere Formatsteuerzeichen und die Adressen der zugehörigen Variablen. Als Wert liefert printf() die Anzahl der ausgegebenen Zeichen
und scanf() die Anzahl der korrekt eingelesenen Felder zurück. Diese beiden

Funktionen wurden nicht vom Benutzer definiert, sondern von einer Biblio-
thek, die zum Lieferumfang des Compilers gehört, zur Verfügung gestellt.
Es stehen eine ganze Reihe weiterer Funktionen in solchen Bibliotheken zur
Verfügung, die eine komfortable Programmierung ermöglichen. Es werden
nach und nach einige Beispiele vorgestellt. Die Bibliotheken werden durch die
Preprozessor-Anweisung

```
#include   <Bibliothek>
```

in das Programm eingebunden. Nach einem solchen #include stehen alle in der
angegebenen Bibliothek enthaltenen Funktionen zur Verfügung. Sollten Sie
einmal nicht wissen, in welcher Bibliothek eine bestimmte Bibliothek steht,
brauchen Sie den Cursor nur zu der fraglichen Funktion zu bewegen und die
Tastenkombination <Ctrl> (bzw. <Strg>) und gleichzeitig <F1> zu drücken.
Die Entwicklungsumgebung liefert sofort die gewünschte Hilfestellung.
Anhand von printf() und scanf() wird schon einiges vom Sinn von Funktionen
deutlich. Der Programmierer braucht sich keine Gedanken um die interne
Realisierung zu machen. Es genügt für ihn zu wissen, mit welchen Argumenten
die Funktion aufgerufen wird und was sie für einen Wert zurückliefert. Was
intern abläuft braucht den Programmierer nicht zu interessieren. Und so
können auch von den Entwicklern des Compilers bestimmte Funktionen ver-
bessert werden, ohne daß die Benutzer ihre Programme abändern müssen,
solange die Funktionsparameter und der Rückgabewert - man spricht auch hier
von Schnittstellen - unverändert bleiben. Ein weiteres Beispiel für eine Funktion, die einen Wert zurückliefert, ist die Funktion **getchar()**. Sie liefert bei
jedem Aufruf das zuletzt gedrückte Zeichen, d.h. nach einer Zuweisung

```
ch = getchar();
```

enthält die Variable ch ein Zeichen, das (normalerweise) von der Tastatur
eingegeben wurde. Dieser Aufruf ähnelt sehr stark einem

```
scanf("&c", &ch);
```

Allerdings sollte bei getchar() die Variable ch immer vom Typ int deklariert
sein, weil sie bei bestimmten Eingaben werte zurückliefert, die außerhalb des
Datenbereichs von char liegen. Dies ist z.B. dann der Fall, wenn ein sog.
Dateiendezeichen gelesen wurde. Bei Eingaben von der Tastatur erreicht man
ein solches Dateiendezeichen über die Kombination <Ctrl>+<Z>. Im folgenden wird dafür die symbolische Konstante **EOF** verwendet, die unter TUR-
BO C++ den Wert -1 besitzt und in der Bibliothek stdio.h durch

```
#define EOF -1
```

definiert wird.

Beispiel:

```
#include <stdio.h>

main()
{
        long ch, zeichenzaehler  =  0;

        printf("\n\n\t Bitte Zeichen eingeben ");
        do
        {
            ch  =  getchar();
            zeichenzaehler++;
        } while(ch  !=  EOF);

        printf("\n\t Es wurden %ld Zeichen gezaehlt!\n\n",
                                        zeichenzaehler);

}          /*  Ende von main()  */
```

Hier werden also solange Zeichen von der Tastatur eingelesen, bis man
<Ctrl>+<Z> drückt. Die exakte Definition lautet folgendermaßen:

```
int getchar (void)
```

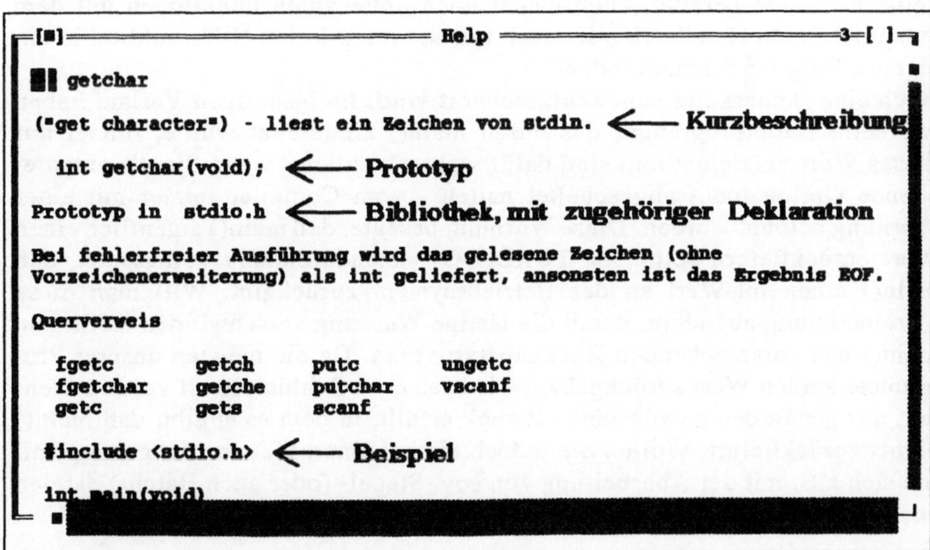

Abb.19 Hilfe zur Funktion getchar()

Dies ist folgendermaßen zu interpretieren:

- ❑   Die Funktion getchar() liefert einen Wert vom Typ int.

- ❑   Sie benötigt keine Argumente, was durch das neue Schlüsselwort **void** angezeigt wird.

Anders als beispielsweise bei der Funktion printf() müssen also keinerlei Formatsteuerzeichen oder sonstige Argumente übergeben werden. Dort sieht die exakte Definition so aus:

```
int printf (const char *format[, argument, ...]);
```

printf() erhält also sehr wohl Argumente und zwar eine Zeichenkette, die evtl. Formatsteuerzeichen und dazugehörige Variablen enthält. Das Schlüsselwort const ist neu und besagt, daß die Zeichenkette, die als Argument übergeben wird, keinesfalls in der Funktion printf() verändert wird. Sie gilt dort als Konstante.

In den folgenden Kapiteln und Übungsbeispielen werden schrittweise neue Funktionen eingeführt. Dabei wird die genau Syntax erklärt, so daß es später keine Probleme bereitet, auch bisher noch unbekannte Funktionen mit dem entsprechenden Handbuch oder auch mit der integrierten Hilfsfunktion in ein eigenes Programm einzubinden.

Noch eine Bemerkung zum Schlüsselwort void: Im bisherigen Verlauf haben wir beim Hauptprogramm, das durch main() eingeleitet wurde, immer auf dieses Wort verzichtet und sind dafür wahrschienlich - wenn Sie die entsprechende Option nicht abgeschaltet hatten - vom Compiler immer mit einer Warnung belohnt worden. Diese Warnung besagte, daß main() eigentlich einen Wert zurückliefern sollte, da TURBO C++ standardmäßig voraussetzt, daß main() einen int-Wert an das Betriebssystem zurückgibt. Will man diese Voreinstellung abändern, damit die lästige Warnung verschwindet, stellt man main() den entsprechenden Rückgabetyp voran. Da die meisten unserer Programme keinen Wert zurückgeben, wird das neue Schlüsselwort void verwendet, das genau den gewünschten Zweck erfüllt, in dem es angibt, daß main() nichts zurückliefert. Wollen Sie jedoch einmal einen Wert zurückgeben, weil Sie sich z.B. mit der Abarbeitung von sog. Stapel- (oder auch Batch-) dateien auskennen, so können Sie die Anweisung

```
return(<Wert>);
```

verwenden. Im vorangegangenen Beispiel wäre es so z.B. möglich gewesen, die gezählten Zeichen nicht nur auszugeben sondern sie auch an das Betriebssystem zu liefern. In diesm Fall hätte nur der Kopf in

```
int main()      /*   int kann auch weggelassen werden, da es
                     die Voreinstellung ist.  */
{
       . . .
```

geändert und am Ende die Anweisung

```
        return(zeichenzaehler);

}          /*  Ende von void main()  */
```

hinzugefügt werden müssen. (Der Kommentar wurde natürlich nur des Verständnisses wegen abgeändert.)

Abb.20 Struktogrammsymbol für die return()-Anweisung

Viel häufiger als in main() wird die return()-Anweisung jedoch in "eigenen" Funktionen verwendet. Neben den fest zum Compiler gehörigen Funktionen hat man in TURBO C++ die Möglichkeit, Funktionen selbst zu programmieren. Dadurch wird es möglich, ein komplexes Problem in viele kleine Teile zu zerlegen, die dann evtl. auch von mehreren Personen bearbeitet werden. Als Beispiel folgt eine Funktion die das Potenzieren zweier Zahlen übernimmt, für das es in 'C' keine vordefinierte Operation gibt. Sollten Sie sich schon näher mit TURBO C++ beschäftigt haben, werden Sie einwenden, daß es hier sehrwohl in der Bibliothek math.h eine Funktion pow() gibt, die sogar noch mehr kann. Zur Übung sei sie jedoch unter dem Namen Power() eigenhändig programmiert.

```
        #include <stdio.h>

        void main()          /*  Keine Wertrueckgabe  */
        {
               double basis;
               short exponent;      /*  Nur positive Exponenten  */
               double pot;
               double Power (double, short);      /*  Prototyp  */
```

```
        printf("\n\n\t Potenzberechnung!\n\n");
        printf("\t Bitte geben Sie die Basis ein: ");
        scanf("%lf", &basis);
        do
        {
            printf("\n\t Bitte geben Sie den Exponenten
                           ganzzahlig und positiv ein: );
            scanf("%hd", &exponent);
            if(exponent  <   0)
                 printf("\n\t Der Exponent muss groesser oder
                                gleich Null sein!\n\n");
        } while(exponent  <   0);

        pot  =  Power(basis, exponent);   /*  Funktionsaufruf  */

        printf("\n\t Ergebnis: %lf hoch %hd  =  %lf \n\n",
                                  basis, exponent, pot);

}         /*  Ende von void main()  */


double Power (double x, short n);  ·
          /*  Beginn der Funktionsdefinition von Power()  */
{
        short i;
        double p  =  1.0;

        for(i  =  1; i  <=  n;  ++i)
            p  =  p * x;

        return(p);

}         /*  Ende von double Power()  */
```

An diesem Beispiel werden alle Eigenschaften einer selbstdefinierten Funktion deutlich:

- ❑ In der aufrufenden Funktion - hier main() - muß eine Deklaration der verwendeten Funktionen stattfinden, wenn diese erst hinterher definiert , d.h. formuliert werden. Hätte man oben den Text von Power() vor den von main() gestellt, wäre der Compiler auch ohne Deklaration von Power innerhalb von main() zufrieden gewesen. Es ist jedoch eine allgemeine Konvention, das Hauptprogramm an den Anfang zu stellen. Außerdem erleichtert die Verwendung dieser sog. Prototypen die spätere Fehlersuche.

- ❑ Der Funktionsaufruf muß mit übereinstimmenden Typen geschehen. Genau diese Fehler werden ohne Vorabdeklaration häufig erst beim Testen bemerkt und sind dann wesentlich schwieriger zu beheben, als wenn der Compiler schon während der Übersetzungsphase meckert.

❑   Innerhalb der Funktionsdefinition müssen die übergebenen Argumente, die innerhalb der Funktion Parameter heißen, definiert werden. Erst an dieser Stelle wird tatsächlich Speicherplatz für sie bereitgestellt.

 Bei der **Deklaration** einer Funktion werden dem Compiler nur die Existenz und der Typ einer Funktion mitgeteilt (sog. **Prototyp**).
Bei der **Definition**, also dem eigentlichen Programmtext der Funktion, wird erst tatsächlich Speicherplatz für die Argumente und einen Rückgabewert bereitgestellt.

Ein solcher Funktions- oder auchUnterprogrammaufruf wird im Struktogramm durch das Einkreisen des Funktionsnamens und der Aufrufargumente angezeigt.

Funktionsname(argumente)

Abb.21 Struktogrammsymbol für einen Funktionsaufruf

Die Funktion Power() wäre demnach im Struktogramm folgendermaßen gestartet worden:

Power(basis, exponent)

Abb.22 Struktogramm für den Aufruf der Funktion Power()

Für die Funktion selbst wird dann ein eigenes Struktogramm erstellt (-> siehe Anhang).
Den Aufruf kann man sich folgendermaßen vorstellen. Zunächst überprüft der Compiler, ob die Argumente beim Aufruf von Power() mit den Parametern in der Funktionsdefinition übereinstimmen. Danach werden Kopien der Argumente (basis und exponent) in den Variablen der Funktion (x und n)

abgelegt. Die Funktion führt die Rechnung aus und liefert den Rückgabewert. Wichtig ist, daß tatsächlich Kopien der Argumente angelegt werden, so daß die Parameter innerhalb von Power() nicht in Verbindung zu den Aufrufargumenten stehen.

 Eine Änderung der Parameter innerhalb einer Funktion, führt nicht zu einer Änderung der Aufrufargumente. Man nennt dies *"call by value"*, weil nur values - also Werte - übergeben werden. Im Unterschied dazu wird beim sog. *"call by reference"* eine Referenz, d.h. ein Bezug, zu den Argumenten übergeben.

Wenn die Variablen innerhalb einer Funktion unabhängig sind von den Variablen in anderen Programmteilen, hat dies den Vorteil, daß sich der Programmierer z.B. keine Gedanken um die Namen in einer Funktion zu machen braucht. Ansonsten ist die Funktion Power() genauso aufgebaut wie es schon von der Funktion main() her bekannt ist. Zunächst erfolgt die Variablendefinition und dann der Anweisungsteil, alles zusammengefaßt mit geschweiften Klammern.

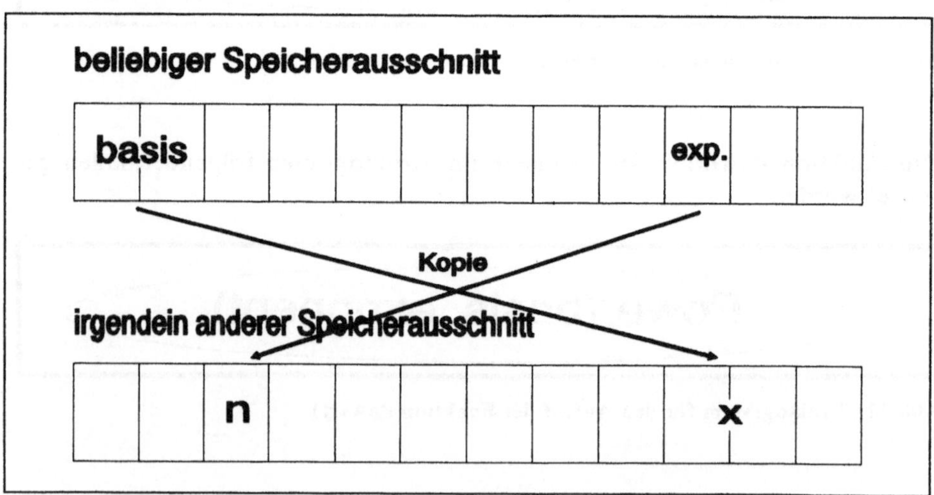

Abb.23 Mögliche Speicherbelegung beim Aufruf von Power()

Nicht unter ANSI-'C' aber unter TURBO C++ können Standardwerte für Parameter angegeben werden, sog. Default-Werte. So könnte z.B. als Default-Wert für den Exponenten der Funktion Power() eine 0 angegeben werden.

```
double Power (double, short = 0); /*  Prototyp  */
```

Nach einer solchen Vorabdeklaration, kann die Funktion Power() mit nur einem Argument aufgerufen werden, also z.B.

```
pot  =  Power(5.0);   /*  Funktionsaufruf  */
```

Die Variable `pot` hat nach diesem Aufruf den Wert $5^0 = 1$.

☞ Wenn Sie Funktionen mir Default-Werten versehen wollen, müssen Sie den 'C++'-Compiler von TURBO C++ explizit aufrufen. Die geschieht entweder durch einen Eintrag im Menü *"Options/Compiler"* oder dadurch, daß Ihr Programmname auf `.CPP` endet.

Ein Unterschied zu einzelnen Variablen ist bei der Übergabe von Variablenfeldern zu beachten. Bei ihnen werden keine Kopien angelegt, sondern es wird die Adresse des ersten Feldelementes an die Funktion übergeben. Nehmen wir folgendes Beispiel:

```
#include <stdio.h>
#define MAXELEM 1000

void main()
{
        long a[MAXELEM], erg;
        long Calc(long[]);        /*  Funktionsprototyp  */

        ( . . . )

        printf("\n\t Geben Sie bitte die Werte ein: \n");
        i = 0;
        do
        {
            printf("\t %hd.Wert: "), i+1);
            scanf("%ld", &a[i++]);
        } while((a[i-1]  !=  0)  &&  (i  <  MAXELEM));
                /*  Schleifenende bei Eingabe von 0 oder wenn
                    MAXELEM Zahlen eingegeben wurden.  */

        erg  =  calc(a);          /*  Funktionsaufruf  */

        ( . . . )

    }      /*  Ende von void main()  */
```

```
long Calc(long feld[]);/*  Funktionsdefinition  */
{           /*  Grenzen brauchen nicht angegeben zu werden.  */

            /*  ...  irgendeine Operation mit dem Feld  */

}           /*  Ende von long Calc()  */
```

Zu beachten ist in dem Beispiel der Funktionsaufruf

```
      erg  =  Calc(a);
```

Erinnern Sie sich, was über den Namen einer Feldvariablen erläutert wurde.
Der Name ist a und der Typ lautet long [MAXELEM] . Genau wie bei
"normalen" Variablen wird also hier der Variablenname übergeben. Im Funk-
tionskopf wird dann der Typ wiederholt, wober der Name der verwendeten
Variblen, hier feld , durchaus wieder verschieden sein kann. Außerdem muß
bei der Typangabe in der Funktion keine Feldgrenze angegeben werden, weil
diese aus dem Hauptprogramm bekannt ist. Es wird kein neuer Speicherplatz
für alle Feldvariablen, sondern nur für eine Variable, die die Adresse des
Feldes speichert, angelegt. Das hat zur Folge, daß Änderungen an Feldelementen innerhalb der Funktion auch Auswirkungen auf das Feld a im Hauptprogramm haben. Hier hängen Felder und Zeiger sehr eng miteinander zusammen,
worauf später zurückgekommen wird.

Aufgabe 17:

Entwickeln Sie ein Programm, das den Zinsertrag eines vom Benutzer einzu-
gebenden Kapitals berechnet. Neben dem Kapital soll noch die Laufzeit der
Anlage und der Zinssatz, zu dem angelegt wird, eingegeben werden. Die
Eingabe dieser Daten soll im Hauptprogramm main() erfolgen. Danach soll
eine Funktion, die das Kapital nach Ablauf der angegebenen Zeit berechnet,
aufgerufen werden.

a) Erstellen Sie ein vollständiges Struktogramm.

b) Schreiben Sie den zugehörigen TURBO C++ Quellcode.

Wenn wir Felder von Variablen bearbeiten können, so geht dies natürlich auch
mit Zeichenketten. In Aufgabe 15 wurde ein Programm entwickelt, das in einer
Zeichenkette alle Klein- in Großbuchstaben verwandelte und die gesamte
Zeichenkette umkehrte. Damals geschah alles im Hauptprogramm. Übersicht-

licher wird das Ganze, wenn man es in mehrere Funktionen aufteilt. Sehen wir
uns dazu ein Programm an, das die Länge einer Zeichenkette innerhalb einer
Funktion ermittelt.

```
#include <stdio.h>
#define MAXLAENGE 1000

void main()
{
        char st[MAXLAENGE+1];
        long a, Len(char[]);              /*  Prototyp  */

        printf("\n\t Bitte Zeichenkette eingeben: ");
        scanf("%1000", st);

        a  =  Len(st);

        printf("\n\t %s enthaelt %ld Zeichen. \n", st, a);

}       /*  Ende von void main()  */

long Len(char string[])
{
        long i;

        while((string[i]  !=  '\0')  &&  (i  <  MAXLAENGE))
            i++;

        return(i);

}       /*  Ende von long Len()  */
```

Im Hauptprogramm wird ein Vektor für 1001 Elemente definiert. Die Zahl
1001 deshalb, weil 1000 "normale" Zeichen maximal eingelesen werden sollen
plus dem abschließenden '\0' . Nach diesem Einlesen wird der Vektor st an
die Funktion Len() übergeben. Diese überprüft jedes einzelne Zeichen und
bricht ab, wenn das Stringendezeichen '\0' errreicht wurde oder die Variable
i die Grenze von 1000 überschreitet.
Die obige Funktion Len() muß jedoch niemals von Ihnen selbst programmiert
werden, weil sie in der Bibliothek string.h unter dem Namen strlen() standardmäßig zu TURBO C++ gehört.

Aufgabe 18:

Ändern Sie Ihr Programm aus Aufgabe 15 so ab, daß die Umwandlung in
Großbuchstaben und die Umkehrung der Zeichenkette in separaten Funktionen
erledigt wird. Aus dem Hauptprogramm soll also eine Funktion aufgerufen
werden, die in Großbuchstaben umwandelt. Aus dieser Funktion soll eine
weitere aufgerufen werden, die das Ganze umdreht.

Aufgabe 19:

Schreiben Sie ein Programm, das die Urlaubskartei einer großen Firma verwaltet. Die Firma habe 1000 Mitarbeiter. Diese sind lediglich unter ihrer Personalnummer, die zwischen 1 und 1000 liegt, abgespeichert. Das Programm soll nun solange Personalnummern und die jeweils genommenen Urlaubstage des Mitarbeiters einlesen, bis als Personalnummer eine 0 eingegeben wurde. Danach soll für jede Personalnummer die Gesamtanzahl an Urlaubstagen ausgegeben werden, sofern der Mitarbeiter überhaupt Urlaub genommen hat.

a) Erstellen Sie ein vollständiges Struktogramm.

b) Erstellen Sie ein lauffähiges TURBO C++ Programm.

III.2 Globale Variablen und Funktionen

Alle Variablen, die bisher verwendet wurden, hatten eines gemeinsam: Ihre Definition fand innerhalb einer Funktion statt. Das führte dazu, daß die Variable nur innerhalb der Funktion, in der sie definiert wurde, bekannt war und nur dort auf sie zugegriffen werden konnte. Das hatte insbesondere zur Folge, daß eine aufrufende Funktion nur einen bearbeiteten Wert von der aufgerufenen Funktion zurückerhalten konnte, nämlich den durch `return(<Wert>)` zurückgegebenen. Die Argumentvariablen, mit denen die Funktion aufgerufen wurde, haben diese nicht verändert, weil im Speicher Kopien angefertigt wurden, mit denen die Funktion arbeitet (einzige Ausnahme waren Felder von Variablen). Es sollte doch möglich sein, in einer Funktion mehr als eine Variable zu bearbeiten und diese dann in der aufrufenden Funktion zu verwenden. Es wird eine Möglichkeit gesucht, den Gültigkeitsbereich einer Variablen unabhängig von der Funktion zu machen, in der sie definiert wurde. Dabei helfen die **globalen Variablen**. Diese werden nicht innerhalb einer Funktion definiert, sondern außerhalb, d.h. direkt zu Beginn des Programmtextes, dort wo auch die #include-Anweisung steht. Nach einer solchen Definition ist die Variable in allen Funktionen des Programms bekannt. Darus folgt, daß man keine Variable mit demselben Namen in einer Prozedur definieren sollte, um Unklarheiten zu vermeiden.

>  Existieren in einem Programm eine lokale und eine globale Variable mit ein und demselben Namen, so hat die lokale Variable immer Vorrang.

Angenommen, Sie wollen in einem Programm den Benutzer häufig persönlich, mit Namen ansprechen. Dazu schreiben Sie eine Funktion, die zu Beginn den Namen erfragt. Der Name wird in einer Zeichenkette (einem Feld mit Elementen vom Typ char) abgespeichert. Natürlich hat man die Möglichkeit, beim Aufruf jeder weiteren Funktion diese Zeichenkette als Argument zu übergeben. In großen Programmen will man sich jedoch soviel Arbeit wie möglich ersparen und definiert deshalb die Zeichenkette global. Danach kann man Sie ohne Argumentübergabe in jedem Programmteil verwenden.

Beispiel:

```c
#include <stdio.h>

                /*  evtl. weitere Bibliotheken  */

char username[20];      /*  GLOBALE Definition  */

void main()
{
        /*  Variablendefinition und Funktionendeklaration  */

        ( . . . )

        void Entername(void);

        /*  evtl. Titel oder aehnliches ausgeben.  */

        Entername();         /*  Aufruf zur Namenseingabe  */

        /*  weitere Funktionsaufrufe ...  */

}        /*  Ende von void main()  */

void Entername(void)
        /*  Hier wird der Name eingegeben.*/
{
        printf("\n\t Bitte geben Sie Ihren Namen ein: ");
        scanf("%s", username);  /* Verwendung der
                                 * globalen Variablen  */
}        /*  Ende von void Entername()  */
```

 Werden globale Variablen bei der Definition nicht initialisiert, erhalten sie im Gegensatz zu lokalen Variablen den Standardwert 0.

Analog zur globalen Deklaration von Variablen können auch Funktionen global deklariert werden. Die Deklaration findet dann ebenfalls außerhalb anderer Funktionen statt.

III.3 Externe Variablen und Funktionen

In TURBO C++ besteht, wie auch in den meisten anderen Compiler-Sprachen, die Möglichkeit, Variablen und Funktionen aus anderen Programmen, die zu einem völlig anderen Zeitpunkt übersetzt wurden in ein eigenes Programm einzubinden, ähnlich wie wir es auch mit Bibliotheken machen. Dazu muß die gewünschte Variable/Funktion durch das neue Schlüsselwort `extern` gekennzeichnet werden. Für den Compiler heißt dies, daß die Variable/Funktion an einer anderen Stelle definiert wurde und er keine Fehlermeldung herausgibt, wenn sie nicht im aktuellen Programmtext steht. Das heißt auch, daß durch eine sog. **extern-Deklaration** kein Speicherplatz reserviert, sondern nur auf eine solche Definition an anderer Stelle verwiesen wird. Nehmen wir also an, unsere Funktion Power() zum Potenzieren zweier Zahlen läge bereits vor und wir benötigen sie in einem neuen Programm. Natürlich gibt es die Methode, den Quelltext von Power() zum neuen Programm hinzuzufügen. Dies bläht jedoch den Text nur auf. Außerdem ist es sogar unmöglich, wenn eine einzubindende Funktion in einer anderen Programmiersprache geschrieben wurde. Deshalb bietet nahezu jeder Compiler irgendeiner Programmiersprache die Möglichkeit, ein Unterprogramm separat zu übersetzen. Dabei wird eine sog. **Objekt-Datei** erzeugt, die mit eingebunden werden kann. Unter MS-DOS erkennt man solche Dateien zumeist an der Endung ".OBJ" . Angenommen, wir hätten unsere Funktion Power() auf diese Weise separat übersetzt, dann müßte man im neuen Hauptprogramm die Deklaration folgendermaßen vornehmen:

```
#include <stdio.h>

void main()
{
                ( . . . )
                extern double Power(double, short);
                ( . . . )
}               /* Ende von main() */
```

Innerhalb von void main() kann dann die Funktion Power() genau wie bisher aufgerufen werden. Man hat also letztlich zwei Dateien mit 'C'-Programmcode, eine mit dem neuen Hauptprogramm und eine mit Power(). Diese werden einzeln übersetzt, void main() wie gewohnt als Hauptprogramm und Power() als Unterprogramm. Der Compiler nimmt dann bei der Übersetzung von main() das 'Verbinden' vor. Dieser spezielle Teil des Compilers heißt auch **Linker** (dt. *"Binder"*).
In der Praxis ist diese Art der **Modularisierung** kaum noch wegzudenken. Viele Programmierer schreiben jeder eine (oder mehrere) Funktion(en), die dann zusammengebunden werden. Dadurch ist man nicht an eine bestimmte Programmiersprache gebunden und kann auch vorgefertigte Lösungen hinzuziehen.

III.4 Statische Variablen

Die Variablen einer Funktion verlieren ihren Wert beim Verlassen der Funktion. Der zugehörige Speicherplatz steht danach anderen Programmteilen zur Verfügung. In 'C' heißen solche Variablen **auto-Variablen.** Zuweilen benötigt man jedoch Variablen, die einmal definiert werden und danach ihren Wert auch nach dem Ende einer Funktion behalten. Dies geschieht durch Voranstellen des Schlüsselwortes static vor die Typdefinition der Variablen. Definiert man also

```
static short t = 10;
```

dann erhält die Variable t beim ersten Funktionsaufruf den Wert 10 und bei allen nachfolgenden den Wert, den t beim vorigen Verlassen besaß.

 Alle Variablen, die innerhalb einer Funktion definiert werden, verlieren Ihren Wert beim Verlassen der Funktion, es sei denn, ihnen wird das Schlüsselwort `static` vorangestellt.

III.5 Register Variablen

Der Begriff Register meint spezielle Speicherstellen in einem Computer, auf die besonders schnell zugegriffen werden kann. Moderne Computer haben meist 16 oder 32 solcher Register. In ihnen finden alle Rechenoperationen statt, da in den 'normalen' Speicherzellen eines Computers nicht gerechnet werden kann. Es findet also ein ständiges Kopieren von Speicherzellen in die Register und zurück statt. Man kann sich vorstellen, daß dies bei rechenintensiven Problemen einiges an Zeit kosten kann. Da jedoch selten (oder so gut wie nie) alle Register gleichzeitig vom Betriebssystem benutzt werden, könnte man auf die Idee kommen, bestimmte Variablen, mit denen im Programm extrem viel gerechnet wird, ständig in einem Register zu halten und nicht andauernd wieder aus dem Speicher und zurück zu kopieren. Es müßte eine Möglichkeit geben, dem Compiler mitzuteilen, daß bestimmte Variablen besonders schnell verarbeitet werden sollen und deshalb möglichst in einem Register zu halten sind. Dies geschieht in 'C' durch Voranstellen des Schlüsselwortes `register` vor die Variablendefinition. Danach versucht der Compiler, die so gekennzeichneten Variablen möglichst lange in einem Register zu halten.

Es hindert den Programmierer niemand daran, allen seinen Variablen ein `register` voranzustellen. Dies ist jedoch nicht sinnvoll, da der Compiler, sobald er keine freien Register mehr zur Verfügung hat, alle folgenden register-Variablen wie normale Variablen in Speicherzellen behandelt. Eine Fehlermeldung oder Warnung erfolgt nicht! Sollten Sie nun auf den Gedanken kommen, die Auswirkungen des Schlüsselwortes `register` an einem kleinen Beispielprogramm zu testen (z.B. eine for-Schleife, die von 1 bis 1000000 läuft), so werden Sie unter TURBO C++ kaum einen Unterschied bemerken, da TURBO C++ ein sog. optimierender Compiler ist, der häufig verwendete Variablen selbständig in Registern hält. In größeren Programmen bringt eine Optimierung "von Hand" jedoch manchmal Vorteile.

 Auf Register-Variablen sind keine Adressoperationen, wie z.B. das Einlesen mit scanf(), zugelassen, da Register keine Adresse besitzen.

Aufgabe 20:

Sie befinden sich in der Kostenrechnungsabteilung der Firma Schnalle & Co. Die Firma bringt im nächsten Monat ein neues Schuhmodell auf den Markt. Die Kosten zur Produktion der neuen Schuhserie belaufen sich pro Monat bei Produktion von 10.000 Paar auf DM 50.000,00. Werden mehr als 10.000 Paar produziert, muß eine zusätzliche Schicht eingelegt werden und die Kosten steigen auf DM 60.000,00.
Die variablen Kosten pro Paar, d.h. die Kosten, die pro zusätzlich produziertem Paar Schuhe anfallen, betragen DM 50,00. Werden mehr als 15.000 Paar im Monat produziert, betragen die variablen Kosten pro Paar DM 55,00, weil einige Maschinen bei erhöhter Intensität mehr Betriebsmittel (Strom, Schmierstoffe, etc.) verbrauchen. Die Produktionsobergrenze liege bei 20.000 Paar im Monat.
Zusammengefaßt betragen die Kosten zur Herstellung von x Paar Schuhen pro Monat:

```
K(x)  =  50.000  +  x * 50,00   , bei 0 - 10.000 Paar
K(x)  =  60.000  +  x * 50,00   , bei 10.001 - 15.000 Paar
K(x)  =  60.000  +  x * 55,00   , bei 15.001 - 20.000 Paar
```

Die Preis-Absatz-Funktion (Nachfragefunktion), das heißt die Menge x an Schuhpaaren, die bei einem bestimmten Preis abgesetzt werden kann, wurde durch Kalkulationen ermittelt. Sie beträgt:

```
x  =  24.000  -  p * 100
```

Das heißt z.B: Bei einem Preis von p = 100,00 DM würden pro Monat 14.000 Paar Schuhe verkauft.
Daraus folgt: p = 240 - x * 0,01 , d.h. bei gegebener Absatzmenge kann nun der mögliche Preis pro Paar ermittelt werden.
Um den Gesamtumsatz der Firma pro Monat zu ermitteln, muß der Preis p mit der Menge x multipliziert werden:

```
U(x) = p * x  =  (240 - x * 0,01) * x  =  240 * x - 0,01 * x2
```

Ihre Aufgabe besteht nun darin, ein Programm zu schreiben, daß den Preis im Hauptprogramm main() durch scanf() einliest. Danach soll der zu erzielende

Gewinn ermittelt werden. Beachten Sie bitte, daß nicht mehr als 20.000 Paar
produziert werden können.
Im Programmkopf werden folgende Konstanten definiert:

```
#define MENGE1 10000     /*    Fixkostensprung  bei 10000 Paar  */
#define MENGE2 15000     /*    Variablenkostensprung bei 15000
                               Paar  */
#define MENGE3 20000     /*    Produktionsobergrenze  */
#define VARK1 50.00      /*    var. Kosten bis zur Produktion von
                               MENGE2  */
#define VARK2 55.00      /*    variable Kosten, wenn mehr als
                               MENGE 2 produziert werden */
#define FIXK1 50000      /*    fixe Kosten bis zur Produktion von
                               MENGE1  */
#define FIXK2 60000      /*    fixe Kosten, wenn mehr als MENGE1
                               produziert werden */
```

Aufgabe 21:

Das Programm in Aufgabe 20 ermittelt zwar den Gewinn eines Produktions-
monats. Allerdings ist es auf diese Art noch immer recht mühselig, den
optimalen Preis zu errechnen. Es sollte doch möglich sein, die Eingabe des
Preises automatisch (durch eine Schleife) vornehmen zu lassen und solange in
der Schleife den Gewinn zu berechnen, bis ein Optimum gefunden wurde. Da
der Anstieg bzw. Abfall des Gewinns als linear angenommen werden kann, ist
ein Optimum erreicht, sobald ein Gewinn kleiner ist als sein Vorgänger.
Verändern Sie Ihr Programm so, daß der Preis in einer Schleife ständig erhöht
wird. Die Schrittweite soll durch #define step 0.01 als Konstante festgelegt werden.

☞ Sie müssen lediglich das Hauptprogramm [main()] verändern. Der Rest
   bleibt unverändert.

III.6 Makros

Im Zusammenhang mit Vektoren ging es um die #define-Anweisung. Sie hatte zur Folge, daß während der Übersetzung eines Programms eine bestimmte Konstante im Programmtext durch einen anderen Ausdruck ersetzt wurde. So führte z.B. die Anweisung #define MAX 1000 dazu, daß im nachfolgenden Programmtext eine Anweisung der Form

```
for(i = 1;j <= MAX; i++)  ...
```

vom Compiler selbständig durch den Programmtext

```
for(i = 1; i < 1000; i++)  ...
```

ersetzt wurde. Die Formulierung mit der Konstanten MAX hatte den Vorteil, daß bei einer eventuellen Änderung des Maximums lediglich die #define-Anweisung geändert werden mußte. Hätte man im Text anstelle von MAX immer eine 1000 verwendet, hätte alles einzeln von Hand geändert werden müssen. Dabei sind Fehler vorprogrammiert, denn vielleicht taucht ja eine 1000 auf, die absolut nichts mit dem Maximum zu tun hatte.

Durch das #define wurde dem Compiler lediglich mitgeteilt, während der Übersetzung einen bestimmten Programmtext zu ersetzen. Diese Ersetzung läßt sich auch noch anders verwenden. Man kann nämlich mit einem #define kleine Funktionen definieren, die eine bestimmte Aufgabe (meist eine Rechnung) durchführen. Eine solche, durch #define festgelegte Funktion, heißt in TURBO C++ ein **Makro**. Ein Beispiel:

```
#include <stdio.h>

#define MAX(A, B) ((A) > (B)? (A): (B))    /* <-- Makro */

void  main()
{
        int x, y;

        printf(" Bitte zwei Zahlen eingeben: ");
        scanf("%d %d", &x, &y);
        printf("Maximum( %d, %d): %d\n", x,y, MAX(x,y))

}       /* Ende von void main()  */
```

Wie ist der obige Ausdruck ((A) > (B)? (A): (B)) zu verstehen? Zunächst findet der Vergleich auf (A) > (B) statt. Das Fragezeichen dahinter ist ein

Zeichen für den Preprozessor, daß im wahren Fall [also (A) > (B)] der sofort
dahinterstehende Ausdruck einzusetzen ist. Falls also A > B , ist das Ergebnis
der Funktion MAX (A, B) das A. Ist jedoch nicht A > B, also A <= B, dann
wird der zweite Ausdruck verwendet, also das B. In der printf()-Anweisung
muß man sich klar machen, daß der Ausdruck MAX (x, y) einen Wert hat
(entweder den von x oder den von y). Dieser Wert wird in das dritte Formatsteuerzeichen %d eingetragen. Man hätte das Ganze auch mit einer if-else-Anweisung realisieren können, benötigt dann jedoch eine zusätzliche Variable.

```
if(a <  b)  c = a;
else c = b;
```

Ohne Frage ist die Verwendung des Makros kürzer und eleganter. Außerdem
gibt es einen weiteren Vorteil:

 Makros sind typunabhängig, weil nur eine Textersetzung stattfindet.

Die Variablen x und y hätten im obigen Beispiel also genausogut als double
x, y; definiert werden können. Der Gebrauch des Makros hätte sich in gar
nichts unterschieden. Aus diesem Grund sollte immer ein Makro verwendet
werden, wenn man eine Funktion für Variablen unterschiedlichen Typs benötigt.
Leider hat die Verwendung von Makros anstelle von Funktionen einen Nachteil. Es findet jedesmal eine explizite Ersetzung von Programmtext durch den
Preprozessor statt. Das führt dazu, daß ein und dasselbe Programmstück
mehrfach übersetzt wird, während dies bei Funktionen nur einmal geschieht
und dann dorthin gesprungen wird. Dadurch sind Makros zwar schneller als
Funktionen, sie 'blähen' jedoch den Programmtext auf, so daß sie mehr
Speicherplatz benötigen. Eine Abwägung der Vor- und Nachteile liegt beim
Programmierer.
Es bleibt noch die Frage, weshalb beispielsweise im Makro zur Maximumbe-
stimmung die vielen Klammern auftauchen: ((A) > (B)? (A): (B)).
Dazu sei folgendes falsches Beispiel vorgestellt.

```
#include <stdio.h>

#define QUADRAT(x) x*x  /* f a l s c h !!! */

void main()
{
        int x, y = 5;

        x = QUADRAT(y+1);
```

```
                printf("\n x = %d \n", x);

}           /*  Ende von void main()  */
```

Eigentlich sollte das Makro doch keine Probleme bereiten. Der Teufel steckt jedoch im Detail. Es wird nicht (5+1) * (5+1) = 6 * 6 = 36 berechnet, sondern als Ergebnis erhält man eine 11. Dazu muß man sich verdeutlichen, wie der Preprozessor ersetzt:

```
QUADRAT(y+1);
```

wird zu

```
y+1 * y+1  =  5+1 * 5+1  =  5 + 1*5 + 1  =  11
```

Korrekt wäre folgendes:

```
#define QUADRAT(x)   ((x)*(x))
```

x erhält den Wert

```
((y+1) * (y+1))  =  (6 * 6)  =  36 .
```

 Bei Makros sollten Sie lieber einmal zuviel als einmal zu wenig klammern!

Aufgabe 22:

Notieren Sie bitte, was folgendes Programm ausgibt. Die Makros sind alle korrekt geklammert und leisten tatsächlich das, was sie sollen. Vollziehen Sie bitte dennoch nach, wie der Preprozessor ersetzt.

```
#include <stdio.h>
#include <math.h>
        /*  Weil die Funktion double pow(double, double)
            eingebunden wird, die zwei Zahlen potenziert.
            Der Aufruf pow(3.0, 2.0) ergibt beispielsweise
            den Wert 9.0 .  */

#define TRUE 1
#define FALSE 0

#define GERADE(A) (((A) % 2 == 0)? TRUE: FALSE)
```

```c
#define MIN(A,B)  ((A) < (B)? (A):(B))


#define GROSSB(A) (((A) >= 'A') && ((A) <= 'Z')?  TRUE: FALSE)
#define KLEINB(A) (((A) >= 'a') && ((A) <= 'z')?  TRUE: FALSE)


/*        Zur Erklaerung: Der konstante Ausdruck ('a' - 'A')
          wird gebraucht, um die Differenz von einem Gross- zum
          dazugehoerigen Kleinbuchstaben zu ermitteln. Meist
          ist dieser konstante Wert (z.B. im ASCII - Code) 32 .
*/

#define TOUPPER(C) ((KLEINB(C)) == TRUE?  ((C)-('a'-'A')):(C))

/*        Bitte nun nicht durch das fehlende == 0 verwirren
          lassen. Beachten Sie, dass ein Ausdruck genau dann
          falsch ist, wenn er 0 liefert, ansonsten ist er wahr
          (also TRUE)! */

#define TOLOWER(C) ((GROSSB(C))?  ((C) + ('a' - 'A')): (C))

char ch;
short a = 5;

void main()
{
        double erg;
        short x, y;

        if(GERADE(++a)) printf("\n\t %hd ist gerade\n", a);
        else printf("\n\t  %hd ist ungerade\n", a);
        x = 5;
        y = 2;
        erg = MIN((pow((double)x, (double)y)),
                        (pow((double)y, (double)x)));

        printf("\n\t  erg  =   %.2lf \n", erg);

           ch = TOLOWER('X');
           ch--;

           if(GROSSB(ch))
                printf("\n\t  %c ist ein Grossbuchst.\n", ch);
           else
                if(KLEINB(ch)) printf("\n\t %c ist ein
                                Kleinbuchst.\n", ch);
           else printf("\n\t  %c ist kein Buchstabe\n", ch);

           ch = TOUPPER(--ch);
           printf("\n\t  ch  =   %c\n\n", ch);


}        /* Ende von void main()  */
```

Aufgabe 23:

Gegeben sei folgendes TURBO C++ Programmstück:

```
#include <stdio.h>

#define ISALPHA(C) ...
#define ISDIGIT(C) ...
#define ISEOL(C) ...
#define ISSEP(C) ...

void main()
{          /*    Programm zählt Buchstaben, Ziffern, Zeichen,
                 Wörtern und Zeilen.  */


        register char ch;
        unsigned int wordcounter, linecounter, charcounter;
        unsigned int alphacounter, digitcounter;


        wordcounter = linecounter = 0;
        charcounter = alphacounter = digitcounter = 0;


        while((ch = getchar()) != EOF)
        {
            charcounter++;
            if(ISALPHA(ch))     alphacounter++;
            if(ISDIGIT(ch))     digitcounter++;
            if(ISSEP(ch))       wordcounter++;
            if(ISEOL(ch))       linecounter++;

        }     /*  Ende von while(...)  */

        printf("\n\t%d Zeichen/t%d Worte/t%d Zeilen gezaehlt\n",
                   charcounter, wordcounter, linecounter);
        printf("\t davon %d Buchstaben und %d Ziffern\n",
                       alphacounter, digitcounter);

    }        /*  Ende von void main()  */
```

Schreiben Sie die vier Makros `ISALPHA(C)`, `ISDIGIT(C)`, `IS-SEP(C)` und `ISEOL(C)`. Dabei soll `ISALPHA(C)` ermitteln, ob das übergebene Zeichen ein Buchstabe ist, also im Bereich von `'A'` bis `'Z'` oder `'a'` bis `'z'` liegt. `ISDIGIT(C)` soll prüfen, ob das übergebene Zeichen eine Ziffer, d.h. im Bereich von `'0'` bis `'9'`, ist. `ISSEP(C)` testet auf ein Worttrennungszeichen. Diese sind: Ein Blank, ein Tabulator, ein Return bzw. ein Newline-Zeichen. Schließlich gibt `ISEOL(C)` Informationen, ob ein Zeilenendezeichen gelesen wurde. Obwohl innerhalb der Makros Steuerzeichen abgefragt werden, benötigen Sie keine expliziten Code-Nummern. Verwenden Sie einfach die Steuerzeichen genau wie in printf()-Anweisungen.

Aufgabe 24:

Erweitern Sie das Makro zur Maximumbestimmung zu einem Makro
MAX3 (A, B, C), das als Ergebnis die größte der drei übergebenen Zahlen
zurückliefert.

III.7 Strukturen, Bit-Felder und Varianten

Für alle, die schon Erfahrungen mit der Programmiersprache PASCAL gesam-
melt haben, wird das nun folgende Kapitel wohl keine größeren Schwierigkeiten mit sich bringen. Das, was man in TURBO C++ eine Struktur nennt, heißt
in PASCAL ein **RECORD**. Alle anderen Leser seien jedoch gebeten, dem
folgenden Thema besondere Aufmerksamkeit zu widmen, weil es erfahrungs-
gemäß Schwierigkeiten bereitet und Anfänger oftmals nicht den Sinn und
Nutzen von Strukturen und damit von neuen **Datenstrukturen** begreifen.

a) Strukturen

Im bisherigen Verlauf des Buches wurde ausschließlich mit vordefininierten
Datentypen gearbeitet. Dies waren char, short, int, long, float und double
sowie Felder auf diese Typen. Es besteht nun die Möglichkeit, selbst neue
(zusammengesetzte) Datentypen zu schaffen. Ein erstes Beispiel für einen
solchen Typ ist die **Struktur**.

 Unter einer Struktur (engl. "structure") versteht man die Zusammen-
fassung von einer oder mehrerer Variablen, die von unterschiedli-
chem Datentyp sein können, zu einer Einheit, die sich durch einen
Namen ansprechen läßt.

Die Schaffung einer solchen Struktur bezeichnet man als **Deklaration**. Sie
reserviert genau wie die Vorabdeklaration einer Funktion noch keinen Speicherplatz. Dem Compiler wird lediglich der Aufbau der Datenstruktur bekannt
gemacht. Er 'merkt' sich unter dem Namen nur den Aufbau der Datengruppe.

Das Schlüsselwort für die Deklaration ist `struct`. Danach folgt ein Block
von Komponenten der Struktur.

```
struct <Strukturname>{
                       <Typ>  <Komponentenname>;
                       <Typ>  <Komponentenname>;

                              (  ...  )
                 };
```

Wo die Struktur deklariert wird, hängt wie bei Funktionen davon ab, wo man
sie überall verwenden möchte. Es ist sinnvoll, eine Struktur, die nur in einer
Funktion [also z.B. in main()] verwendet werden soll, auch nur dort bekannt
zu machen. In einem solchen Fall verwendet man eine lokale Deklaration
innerhalb der Funktion, d.h. innerhalb der geschweiften Klammern.

Beispiel:
```
    #include <stdio.h>

    (  .  .  .  )

    void main()
    {
            struct kunde{                                /*    Strukturtyp   */
                            int nr;
                            int bestellungen;  /*    Strukturkomp.*/
                            double kaufsumme;
                            };
            (  .  .  .  )

    }         /*  Ende von void main()  */
```

In diesem Fall wäre die Struktur `struct kunde` nur im Hauptprogramm void
main() bekannt und es könnten auch nur dort Variablen dieses Typs definiert
werden. Eine solche Variablendefinition funktioniert genau wie bei den vordefinierten Datentypen. Um sich also eine Variable vom Typ `struct kunde`
zu erzeugen, muß es heißen:

```
            struct kunde Maier;
```

Dadurch wird eine Variable mit Namen `Maier` vom Typ `struct kunde`
erzeugt.
Um nun auf die einzelnen Komponenten einer Struktur zugreifen zu können,
verwendet man den Punkt . Eine korrekte Zuweisung wäre also z.B.

```
            Maier.nr = 827;
```

Man sagt, die Komponente nr der Struktur Maier erhält den Wert 827. Der Ausdruck Maier.nr kann danach genauso behandelt werden wie jede "normale" Integer-Variable. Dasselbe gilt natürlich auch für die übrigen Komponenten. Maier.bestellungen = 10; und Maier.kaufsumme = 987.50; wären also korrekte Zuweisungen. Im nächsten Beispiel soll die Struktur struct kunde in mehreren Funktionen verwendet werden und wird deshalb global (d.h. außerhalb jeder Funktion) deklariert.

```
#include <stdio.h>

( . . . )

struct kunde{                          /*  globale Deklaration  */
              int nr;
              int bestellungen;
              int kaufsumme;
        };
void main()
{
        struct kunde Maier;       /*  lokale Definition  */

        ( . . . )

        printf("Kundennummer: ");
        scanf("%d", &Maier.nr);
        printf("Anzahl Bestellungen:");
        scanf("%d", &Maier.bestellungen);
        printf("Gesamtsumme: ");
        scanf("%lf", &Maier.kaufsumme);

        ( . . . )

}        /*  Ende von void main()  */
```

☞ Im obigen Beispiel ist struct kunde der **Variablentyp** und Maier der **Variablenname**!

Die Definition einer Strukturvariablen kann auch sofort mit der Deklaration erfolgen.

```
#include <stdio.h>
( . . . )
void main()
{
        struct kunde{ /*   Deklaration    */
                  int  nr;
                  int bestellungen;
                  double kaufsumme;
                  }Mueller, Maier;   /*   Definition     */
        ( . . . )

}        /*  Ende von void main()  */
```

Hier werden zwei Variablen vom Typ `struct kunde`, nämlich `Mueller` und `Maier`, definiert. An beide können wie im vorigen Beispiel Werte zugewiesen werden, also `Maier.nr = 827; Mueller.nr = 1001;` usw. Genau wie "normale" Variablen können Strukturen bereits bei ihrer Definition initialisiert werden. Als Beispiel sei die Struktur `struct datum` vorgestellt. Sie kann man folgendermaßen initialisieren:

```
#include <stdio.h>

( . . . )

void main()
{
        struct   datum{
                     short tag;
                     short monat;
                     long jahr;
                     }heute = {10, 8, 1990};

        ( . . . )

        printf("Datum %hd.%hd.%ld\n",
                  heute.tag,heute.monat, heute.jahr);

        ( . . . )

}        /*  Ende von void main()  */
```

Es wurde eine Variable vom Typ `struct datum` geschaffen. Diese erhielt bei ihrer Definition die Werte `10, 8` und `1990`. Hätte man die Struktur `struct datum` global bekannt gemacht und wollte danach im Hauptprogramm main() eine Variable dieses Typs definieren und initialisieren, so hätte man folgendes formuliert:

```
( . . . )
struct datum{                 /* globale Deklaration  */
              short tag;
              short monat;
              int jahr;
              };

void main()
{
        ( . . . )

        struct datum heute = {10, 8,1990};

        ( . . . )

}        /*  Ende von void main()  */
```

Auch hier wurde eine Variable des (nun globalen) Typs `struct datum` mit
Namen `heute` geschaffen.

 Strukturen können ihrerseits weitere Strukturen als Komponenten
enthalten.

Um also beispielsweise in die oben definierte Struktur `struct kunde` eine
zusätzliche Information über das Datum des letzten Einkaufs einzubauen, kann
man folgendes schreiben:

```
#include <stdio.h>

( . . . )

struct datum{          /*    globale Deklaration      */
                       short  tag;
                       short  monat;
                       int  jahr;
                       };

void main()
{
        ( . . . )

        struct kunde{ /*    lokale Deklaration ... */
                      int nr;
                      int bestellungen;
                      double kaufsumme;          '
                      struct datum  lastkauf;
                      }Mueller, Maier;  /*   ...und Definition */
        ( . . . )

}   /*  Ende von void main()  */
```

Wieder werden die beiden Variablen `Mueller` und `Maier` vom Typ `struct
kunde` definiert. Dieses Mal enthält die Struktur jedoch wiederum eine Struk-
tur. Um nun z.B. auf das Datum des letzten Einkaufs von Herrn Mueller
zugreifen zu können, muß man schreiben:

```
Mueller.lastkauf.tag     = 12;
Mueller.lastkauf.monat   = 2 ;
Mueller.lastkauf.jahr    = 1990;
```

Jede weitere Struktur wird also durch einen neuen Punkt abgetrennt.
Es ist auch möglich, daß eine Strukturkomponente ein Vektor ist. Damit wird
es dann im obigen Beispiel möglich, neben der Kundennummer auch den
Namen des Kunden zu speichern.

```
struct kunde{
                    int  nr;
                    char name[20];
                    char vorname[12];
                    int bestellungen;
                    double kaufsumme;
                    struct datum  lastkauf;
                    };
```

Hier könnte man eine Variable mit Namen Mueller folgendermaßen initialisieren:

```
struct kunde Mueller = { 999,   "Mueller", "Hans", 10, 1000,
                         {10, 8, 1990}    };
```

Noch übersichtlicher wäre natürlich eine eigene Struktur für den Namen:

```
struct   name{
                    char name[20];
                    char vorname[12];
                    };

struct kunde{

                    int nr;
                    struct name kundenname;
                    int bestellungen;
                    double kaufsumme;
                    struct datum lastkauf;
                    };
```

Aufgabe 25:

Es soll eine Strukturvariable vom Typ struct kunde definiert und initialisiert werden, wobei struct kunde wie im zuletzt aufgeführten Beispiel deklariert sei. Ergänzen Sie bitte die Initialisierung.

```
struct kunde Mueller  = { . . .


                          };
```

Aufgabe 26:

Erzeugen Sie im Hauptprogramm main() zwei Variablen vom Typ struct person. Der Variablentyp soll folgende Informationen beinhalten:

1.   Die Personalnummer (vom Typ int)

2. Die Adresse als Struktur struct Adresse mit den Komponenten
    name, vorname, strasse, hausnr, plz und ort

3. Das Geburtsdatum als Struktur struct datum

4. Die Abteilungsnummer (vom Typ unsigned short)

5. Die private Telefonnummer des Mitarbeiters als Struktur vom
    Typ struct tel, wobei struct tel aus den Komponenten vorwahl
    und nr (beide vom Typ long) bestehen soll.

Bisher helfen uns Strukturen noch nicht besonders viel, weil es sehr mühsam
und umständlich ist, jede einzelne Variable einzeln zu definieren. Wozu haben
wir aber Vektoren? Auch hier können sie angewendet werden. So definiert
beispielsweise

```
struct kunde kunden[100];
```

100 Variablen vom Typ struct kunde, die dann wie folgt z.B. angesprochen werden können:

```
kunden[10].nr = 999;
etc.
```

Als Beispiel sei ein Programmstück angegeben, das maximal 1000 Kunden für
eine Kundenkartei einliest. Beendet wird die Eingabe durch eine Kundennummer 0.

```
#include <stdio.h>
#define KUNDENANZAHL 1000

struct datum{        /* globale Deklaration */
             short tag;
             short monat;
             int jahr;
             };

struct name{

             char name[20];
             char vorname[12];
             };
```

```c
struct kunde{
                    int nr;
                    struct name kundenname;
                    int bestellungen;
                    double kaufsumme;
                    struct datum lastkauf;
                    };

void main()
{
        struct kunde kunden[KUNDENANZAHL];

        struct kunde Neu(unsigned int); /* Funktionsprototyp */

        register unsigned int i = 0;

        printf("\n\t K U N D E N K A R T E I \n\n");


        printf("\n\t Bitte geben Sie neue Kunden ein
                                (Ende mit Kundennr. 0) \n");

        while(i <  KUNDENANZAHL)
        {
            kunden[i] = Neu(i);        /*    Funktionsaufruf   */
            if(kunden[i].nr == 0) break
            i++;
        }

        i--; /* eins abziehen, weil in kunden[i] nichts steht */

        ( . . . )

}        /*  Ende von void main()  */


/* Nun die Funktion Neu(), in der die Eintraege vorgenommen
   werden    */

struct kunde Neu(unsined int i)
{
        struct kunde eintrag;

        printf("\n\t Kunde Nr.%d: \n", (i+1));
        printf("\n\t Kundennummer: ");
        scanf("%d", &eintrag.nr);
        if(eintrag.nr == 0) return(eintrag);

        printf("\t Name: ");
        scanf("%20s", eintrag.kundenname.name);
        printf("\t Vorname: ");
        scanf("%12s", eintrag.kundenname.vorname);
        printf("\t Bestellungen: ");
        scanf("%d", &eintrag.bestellungen);
        printf("\t Bisherige Kaufsumme: ");
        scanf("%ld", &eintrag.kaufsumme);
        printf("\t Datum des letzten Einkaufs \n");
```

```
        do
        {
            printf("\t Tag: ");
            scanf("%hd", &(eintrag.lastkauf.tag));
        }while ((eintrag.lastkauf.tag < 1) ||
                (eintrag.lastkauf.tag < 31));
        do
        {
            printf("\t Monat: ");
            scanf("%hd", &eintrag.lastkauf.monat);
        }while ((eintrag.lastkauf.monat < 1) ||
                (eintrag.lastkauf.monat < 12));
        do
        {
            printf("\t Jahr: ");
            scanf("%hd", &eintrag.lastkauf.jahr);
        }while ((eintrag.lastkauf.jahr < 1980) ||
                (eintrag.lastkauf.jahr  > 1990));

        return(eintrag);

}           /*  Ende von neu()  */
```

Vielleicht erscheint Ihnen ein Variablenname wie z.B. `eintrag.last-kauf.jahr` etwas zu lang, und Sie beschließen in eigenen Programmen stattdessen etwa `e.l.j` zu schreiben, was sicherlich auch richtig ist. Ohne Frage ist die erste Version jedoch aussagekräftiger, so daß man relativ schnell einsieht, was die Variable enthält. Allerdings ist es recht mühselig, immer wieder solche langen Variablennamen zu schreiben. Wie so oft müssen Sie selbst einen für Sie sinnvollen Kompromiß finden.

b) Bit-Felder

Auch hier handelt sich in gewisser Weise um neue Datentypen. Man verwendet Bit-Felder zumeist bei folgendem Problem: Falls in einem Programm eine große Menge an Daten verarbeitet werden muß, die alle nur aus einem sehr kleinen Datenbereich kommen, so ist es nicht sinnvoll, jedesmal Speicherplatz für mindestens ein Byte (Datentyp char) anzulegen. Beinhaltet beispielsweise eine Variable nur die Information, ob eine gewisse Aussage zutrifft, so reicht es, wenn die Variable nur zwei Werte annehmen kann. Man braucht also lediglich 1 Bit, um die entsprechende Information zu speichern. Analog reichen bei einer Variablen, die nur vier Werte annehmen kann, zwei Bit.
Als Beispiel sei angenommen, daß von bestimmten Kunden einer Firma neben der Kundennummer nur noch die Information, ob der Kunde weiblich oder männlich, ob er im Norden, in der Mitte, im Süden oder im Westen Deutschlands wohnt und wann sein Geburtstag ist, gespeichert werden soll. Folgende

Datenstruktur wäre ausreichend:

```
struct kunde2{
                     int nr;
                     unsigned geschlecht: 1;
                     unsigned gebiet: 2;
                     unsigned gebmonat: 4;
                     unsigned gebtag: 5;
                     };
```

Wie erklärt sich diese Struktur? Die Komponente `nr` ist völlig identisch zur Deklaration im Zusammenhang mit 'reinen' Strukturen. Neu ist die Komponente `geschlecht`. Sie ist wie eine Variable zu betrachten, die nur zwei Werte annehmen kann, nämlich 0 oder 1. Die Komponente `gebiet` kann demzufolge schon vier Werte annehmen: 0, 1, 2 oder 3.

 Ein Bit-Feld kann jeweils Werte von 0 bis 2^{Anzahl} aufnehmen, wobei *Anzahl* die Zahl hinter dem Doppelpunkt des Bit-Feldes ist.

Sieht man sich die Speicherbelegung an, die beispielsweise eine Definition `struct kunde2 Schmitz;` hervorrufen würde, so stellt man fest, daß obige Deklaration dennoch einigen Speicherplatz 'verschenkt'. Bei Bit-Feldern in Strukturen werden die einzelnen Komponenten hintereinander im Speicher abgelegt. Danach wird immer auf Wortlänge (d.h. auf Vielfache von Integers) aufgefüllt. Es wären demnach noch weitere Informationen bis zum Erreichen

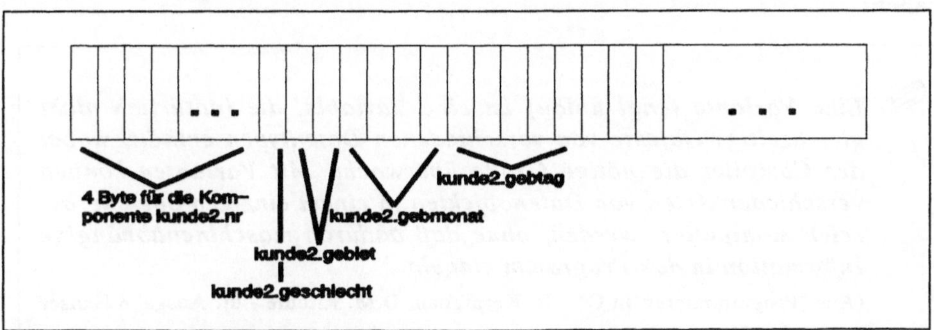

Abb.24 Speicherbelegung für die Struktur struct kunde2

von 4 Byte = 32 Bit ohne zusätzlichen Speicherabzug zu realisieren gewesen. Es bleibt noch zu erwähnen, daß Bit-Felder immer **vorzeichenlos** behandelt werden. Das Voranstellen des Schlüsselwortes unsigned geschah im obigen Beispiel nur zur Verdeutlichung.

Grundsätzlich sind Bit-Felder nur dann sinnvoll, wenn sehr große Datenmengen im Hauptspeicher gehalten werden müssen. Dies ist eigentlich nur im Zusammenhang mit Vektoren, d.h. mit Feldern auf Strukturen, möglich. Es ist darauf zu achten, möglichst wenig Speicherplatz zu 'verschenken', da das Betriebssystem bei Definition einer Struktur mit Bit-Feldern immer bis zur nächsten Wortgrenze auffüllt. Ferner muß man in Kauf nehmen, daß Zugriffe auf Bit-Felder mehr Zeit in Anspruch nehmen, da jedesmal erst die genaue Position in der Struktur errechnet werden muß. Außerdem sind auf Bit-Felder keine Adressoperationen anwendbar, da eine genaue Adresse nicht errechnet werden kann (Sie können ja sogar adressenübergreifend angelegt werden). Ein Einlesen mit scanf() ist bei Bit-Feldern also nicht möglich. Ferner gibt es keine Vektoren aus Bit-Feldern.

Auf Bit-Feldern sind keine Adressoperationen zugelassen, und es gibt keine Vektoren aus Bit-Feldern

c) Varianten:

Manchmal treten Fälle auf, in denen für eine Variable alternativ mehrere Typen auftreten können. Hier helfen die **Varianten** oder englisch **unions**. Die 'Erfinder' der Sprache 'C', Kernighan und Ritchie, definieren sie folgendermaßen:

Eine Variante (engl union) ist eine Variable, die (natürlich nicht gleichzeitig) Objekte von verschiedenen Datentypen enthält, wobei der Compiler die nötige Größe überwacht. Mit Varianten können verschieden Arten von Datenobjekten in einem einzigen Speicherbereich manipuliert werden, ohne daß dadurch maschinenabhängige Information in das Programm eingeht.

(Aus "Programmieren in C" - B. Kernighan, D.M. Ritchie - dt. Ausgabe Hanser Verlag 1983)

Das Schlüsselwort zur Einleitung einer Variante lautet **union**. Der Aufbau einer solchen Variante ist nahezu identisch zur Deklaration einer Struktur. Angenommen, man benötigt in seinem Programm alternativ eine Variable vom

Typ char, eine vom Typ int und eine vom Typ float. Dann definiert man folgende Variante:

```
union universe{
                char ch;
                int ganz;
                float gleit;
                };
```

Der Speicherplatz wird genau wie bei einer Struktur oder einem Bit-Feld definiert. Entweder schreibt man die zu definierende Variable sofort im Anschluß an die Deklaration, hier also hinter die schließende geschweifte Klammer

```
( . . . )

                }testvar;
```

oder man definiert sie an anderer Stelle im Programm durch

```
union universe testvar;
```

Im Programm wären dann beispielsweise folgende Zuweisungen möglich:

```
testvar.ch    = 'A';
testvar.ganz  = 12;
testvar.gleit = 25.46;
```

Bei Kombinationen mit anderen Variablen muß der Programmierer sicherstellen, daß keine Typenkonflikte (d.h. nicht übereinstimmende Variablentypen) auftreten.

Angenommen, im obigen Beispiel hätte man zusätzlich eine Variable float preis; definiert, dann wäre folgender Programmablauf unzulässig:

```
testvar.ch = 's';
preis = testvar.gleit;   /*  f a l s c h  !!!  */
```

Durch die Zuweisung testvar.ch = 's'; ist die Variable testvar mit einem char-Wert belegt, der nicht an einen Gleitkommawert vom Typ float zugewiesen werden darf. Korrekt wäre beispielsweise folgendes gewesen:

```
testvar.gleit = 17.1;
preis = testvar.gleit;   /*  R I C H T I G !!!  */
```

Der Programmierer muß also sicherstellen, daß seine Varianten bei Kombination mit anderen Variablen (oder auch bei Funktiosaufrufen wie z.B. Ausgaben mit printf()) immer typengleiche Werte enthalten.

Vorsicht ist geboten beim Umgang mit Strukturen, Bit-Feldern und Varianten
und Funktionen, denn:

 Strukturen, Bit-Felder und Varianten dürfen nicht als Funktionsargu-
mente übergeben werden!

Aufgabe 27:

Erzeugen Sie einen Vektor aus 1000 Elementen vom Typ struct kunde3, der
folgende Informationen enthält:

1. Die Kundennummer.
2. Eine Information, ob er in Nord- (0) , Mittel- (1), Süd- (2),
   Westdeutschland (3), in einem anderen EG-Land (4) , in den
   USA (5), in Japan(6) oder in einem anderen Land wohnt.
3. Die Anzahl seiner Bestellungen im letzten Jahr.
4. Sein Geburtsdatum als Struktur vom Typ struct datum.
5. Seine Telefonnummer als Struktur aus Vorwahl und Anschluß.
6. Eine Variante, die entweder eine Variable vom Typ char oder vom
   Typ int enthält, um einzutragen ob er ledig ist oder wieviele
   Kinder er hat.

Versuchen Sie mit möglichst wenig Speicherplatz auszukommen und überlegen bitte auch, wie sie die einzelnen Komponenten mit Werten füllen würden.

Aufgabe 28:

Die nun folgende Aufgabe muß nicht unbedingt mit Strukturen realisiert
werden. Sie dient mehr einer allgemeinen Überprüfung Ihrer bisherigen
Kenntnisse. Nachdem bisher immer recht trockene Beispiele mit mehr oder
weniger starkem Praxisbezug von Ihnen entworfen wurden, wollen wir nun
unserem Spieltrieb etwas nachgeben. Sie sollen das Spiel **TIC-TAC-TOE**
programmieren, wobei der Computer gegen einen menschlichen Gegner antre-
ten soll. Zunächst seien kurz die Regeln des Spiels erläutert:

- Das Spielfeld besteht aus einem 3 x 3 Kästchen großen Feld.

- Zwei Spieler (hier also der Computer und Sie) machen abwech-
  selnd Kreise und Kreuze in die Kästchen.

❏   Ziel des Spiels ist es, drei Kreise bzw. drei Kreuze in einer Reihe,
    Spalte oder Diagonalen zu erreichen.

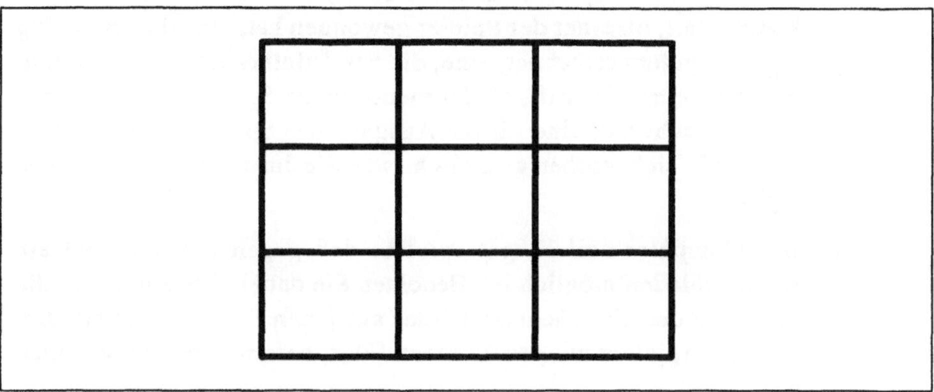

Abb.25 TIC-TAC-TOE Spielfeld

Bei der Programmierung sollten Sie folgendermaßen vorgehen:
Das Spielfeld wird am besten als zweidimensionales Feld realisiert,
z.B. `short r spielfeld[3][3];`. Dadurch haben Sie die geforderten
neun Felder zur Verfügung. Wenn Spieler A ein Feld besetzt (Punkt), erhält
das entsprechende Feld den Wert 1, bei Spieler B den Wert 2.

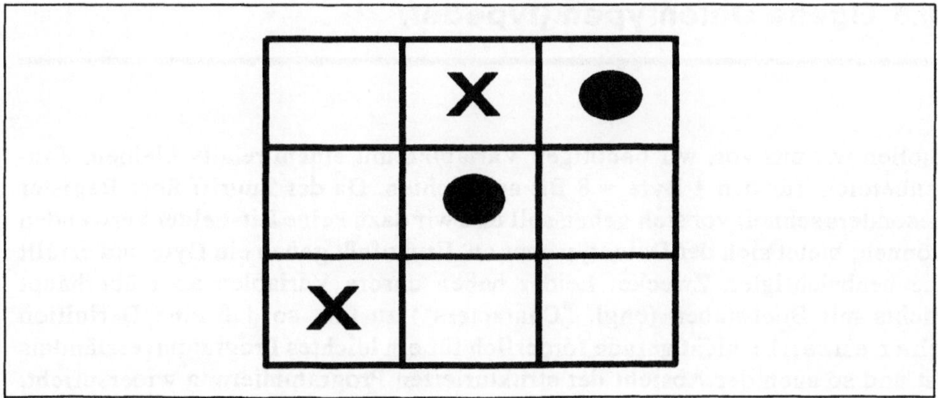

Abb.26 Sieg für den Spieler mit den Punkten, falls am Zug

❑ Zu Beginn jeden neuen Spiels müssen alle Felder auf 0 gesetzt
werden.

❑ Sie sollten das Spiel in mehrere Funktionen aufteilen. Eine, die
kontrolliert, ob einer der Spieler gewonnen hat, eine die einen Zug
des Computers errechnet, eine, die per Zufall ermittelt, wer anfangen darf, eine die prüft, ob der menschliche Spieler einen gültigen
Zug gemacht hat, eine für die Ausgabe des Spielfeldes etc. Überlegen Sie sich vorher gründlich, wie Sie im einzelnen vorgehen
wollen.

❑ Der Computer soll so gut spielen, daß gegen ihn maximal ein
Unentschieden möglich ist. Beachten Sie dabei bitte auch, daß die
Situation des übernächsten Bildes auf jeden Fall zu einer Nieder-
lage des Spielers mit den Kreuzen führt, sofern er gerade gezogen
hat.

❑ Spielen Sie am besten einige Partien mit einem "menschlichen"
Gegner, um ein Gefühl für die ganze Sache zu bekommen.

❑ Am schwierigsten ist es, den Zug des Computers zu planen. Lösen
Sie diesen Teil zuletzt.

III.8 Eigene Datentypen (typedef)

Stellen wir uns vor, wir benötigen Variablen mit einem relativ kleinem Zahlenbereich, für den 1 Byte = 8 Bit ausreichten. Da der Zugriff über Register
besonders schnell vor sich gehen soll und wir dazu keine Bit-Felder verwenden
können, bietet sich der Datentyp char an. Er umfaßt genau ein Byte und erfüllt
die beabsichtigten Zwecke. Leider haben unsere Variablen aber überhaupt
nichts mit Buchstaben (engl. "Characters") zu tun, so daß eine Definition
`char anzahl;` nicht gerade förderlich für ein leichtes Programmverständnis
ist und so auch der Absicht der strukturierten Programmierung widerspricht.
Hier hilft die Anweisung typedef. Sie befindet sich immer im Programmkopf,
dort wo auch die #define- bzw. #include-Anweisungen stehen. Sie nimmt eine
Umbenennung eines schon vorhandenen Datentyps vor. Unser obiges Problem
ließe sich also folgendermaßen lösen:

```
#include <stdio.h>

( . . . )

typedef char BYTE;        /*  Neuer Typ BYTE deklariert  */

( . . . )

void main()
{
        BYTE anzahl;  /* Definition mit 'neuem' Typ BYTE */

        ( . . . )

        printf("\n\tBitte geben Sie die Anzahl ein: ");
        scanf("%hd", &anzahl);
                /*  siehe nachfolgende Bemerkungen */

        ( . . . )

}            /*  Ende von void main()  */
```

Natürlich hätte man obige typedef-Anweisung auch durch ein `#define BYTE char` ersetzen können; typedef hat jedoch den Vorteil, daß mehrere 'neue' Typen gleichzeitig erzeugt werden können. Anstelle von

```
#define BYTE char       und
#define KURZZAHL char
```

schreibt man also besser (und kürzer):

```
typedef char BYTE, KURZZAHL;        <-- Semikolon beachten!
```

 Die typedef-Anweisung dient zum Umbenennen von schon vorhande-
nen Datentypen.

Wozu die typedef-Anweisung tatsächlich nützlich ist, wird uns erst in einem
späteren Abschnitt ganz deutlich, wenn es um Zeiger auf Strukturen geht.
Zum jetzigen Zeitpunkt bieten sie allenfalls eine Hilfe zur übersichtlicheren
Programmierung. So kann man beispielsweise eine Struktur auch folgendermaßen definieren:

```
#include <stdio.h>

typedef  struct fahrzeug{
                    art: 3;    /* 0 = Pkw, 1 = Lkw  usw.   */
                    char  marke[10];
                    short kw;
                    long  ccm;
                    short verbrauch;
                    } AUTO;

void main()
{
        AUTO fuhrpark[100]; /*  100 Var. vom 'Typ' AUTO  */

        ( . . . )
```

Es wird also keinesfalls ein neuer Datentyp geschaffen, sondern lediglich ein neuer Name für einen anderweitig existierenden Typen eingeführt. Obiges Beispiel zeigt jedoch hoffentlich, daß der Vorteil der Übersichtlichkeit nicht zu vernachlässigen ist.

III.9 Aufzählungstypen (enum)

Auch dieses Kapitel beschäftigt sich nur mit besserer Lesbarkeit und sinnvolleren Benennungen. Es kann natürlich sein, daß Ihnen der Sinn solcher Verbesserungen nur schwer klar wird, zumal sie mit immer weiteren Konstruktionen verbunden sind, die zunächst eher Verwirrung als Klarheit schaffen. Bedenkt man jedoch, daß die bisherigen Übungsbeispiele in der Praxis um ein Vielfaches an Umfang übertroffen werden, so kann man sich vielleicht vorstellen, daß jedes Mittel, welches die Übersichtlichkeit erhöht, hochwillkommen ist. Daher auch die sog. **Aufzählungstypen**, mit denen man die Werte, die eine Variable annimmt, explizit angeben kann. Als Beispiel diene eine Variable, die den Typ (die Farbe) einer Spielkarte speichern soll. Man könnte sie natürlich als `char card;` definieren und dann die Ziffern 1, 2, 3 und 4 für Kreuz, Pik, Herz und Karo verwenden. Im Programm würde dann beispielsweise durch `card = 3;` die Farbe Herz zugewiesen. Ein fremder Programmierer müßte jedoch immer in Kommentaren nachsehen (oder es erschließen), was diese Zuweisung bedeutet. Durch einen Aufzählungstyp wird die ganze Sache klarer. Man definiert sich einen neuen Typen `farbe`, dessen Wertebereich explizit die vier Werte umfaßt. Dies geschieht mit dem Schlüsselwort **enum**. Die Anweisung

```
enum farbe {kreuz, pik, herz, karo};
```

würde einen solchen Typ deklarieren, und

```
enum farbe card;
```

definiert eine Variable, die genau die vier Werte annehmen kann, so daß man
nicht mehr eine Zahl zuweisen muß, sondern tatsächlich

```
card = herz;
```

schreiben kann.

 Mit Aufzählungstypen können die ganzen Zahlen 0, 1, 2, usw durch
verständliche Zeichenketten ersetzt werden.

Außer der größeren Übersichtlichkeit bieten Aufzählungstypen jedoch keine
Gewinne. Man könnte meinen, Speicherplatz zu sparen, weil ja z.B. oben zwei
Bit ausreichen, um den obigen Typ enum farbe zu codieren. Tatsächlich legt
der Compiler jedoch bei jedem Aufzählungstyp Speicherplatz für ein Speicher-
wort an.
Namen für die Werte von Aufzählungstypen müssen so wie alle Namen für
Bezeichner in TURBO C++ gebildet werden, also erstes Zeichen ein Buch-
stabe oder Unterstrich und dann beliebige Zeichen. D.h. insbesondere, daß
Namen für Werte keine einzelnen Zahlen sein dürfen.
Besonders aufpassen muß man mit der Ein- und Ausgabe von Aufzählungsty-
pen. Was wird wohl das Programmstück

```
card = herz;
printf("\t Farbe  =  %d\n", card);
```

für eine Ausgabe erzeugen? Das Programm sagt:

```
Farbe  =  2
```

Dies hängt damit zusammen, daß der Compiler intern Aufzählungstypen durch
ganze Zahlen repräsentiert, die bei Null beginnen. Für den Compiler ist also
kreuz nichts anderes als die ganze Zahl 0, pik entspricht 1 usw. Deshalb
kann auch für das Einlesen in Aufzählungstypen scanf() mit dem Formatzei-
chen %d verwendet werden. Man kann natürlich nicht die Zeichenkette "kreuz"

oder "pik" etc. eingeben, sondern ist gezwungen, 0 für Kreuz, 1 für Pik usw. einzugeben oder man schreibt eine eigene Funktion für die Eingabe.
Als abschließendes Beispiel sei der selbstdeklarierte Typ `struct spielkarte` in einem Programm vorgestellt, welches das Ziehen einer Spielkarte aus einem Skatspiel simuliert. Dabei wird die Zufallsfunktion `int rand(void)` verwendet, die in der nachfolgenden Programmierübung näher beschrieben wird. Momentan ist nur wichtig, daß sie zufällige Werte zwischen 0 und 65535 liefert.

```c
#include <stdio.h>        /*   Hier steht die Funktion
                               int getchar(void)   */
#include <stdlib.h>       /*   Hier steht die Zufallsfunktion
                               int rand(void)    */

enum farbe{kreuz, pik, herz, karo};
enum wert{ sieben, acht, neun, zehn, bube, dame, koenig, ass};
struct spielkarte{
                enum farbe color;
                enum wert value;
                };
void main()
{
        struct kartenspiel card;
        char antwort;

        do
        {
            printf("\n\t\t\t Karte ziehen (J/N)? ");
            do
                antwort = getchar();
            while((antwort != 'J') && (antwort != 'j') &&
                  (antwort != 'N') && (antwort) !=('n'));

            if((antwort == 'j') || (antwort == 'J'))
            {
                card.color = rand() % 4;
                card.value = rand() % 8;

                printf("\n\t\t\t Gezogen wurde: ");

                switch(card.color)
                {
                    case kreuz:     printf("Kreuz");     break;
                    case pik:       printf("Pik");       break;
                    case herz:      printf("Herz");      break;
                    case karo:      printf("Karo");      break;
                    default: printf("\n PROGRAMMFEHLER!\n");
                }   /* Ende von switch(card.color) */

                switch(card.value)
                {
                    case sieben:    printf(" 7");        break;
                    case acht:      printf(" 8");        break;
                    case neun:      printf(" 9");        break;
                    case zehn:      printf(" 8");        break;
```

```
                        case bube:      printf(" Bube");     break;
                        case dame:      printf(" Dame");     break;
                        case koenig:    printf(" Koenig");   break;
                        case ass:       printf(" Ass");      break;
                        default: printf("\nPROGRAMMFEHLER!\n");
            }       /* Ende von switch(card.value) */

            printf("\n\n");
        }       /* Ende von if(antwort ... */

    }while((antwort != 'n') && (antwort != 'N'));

    printf("\n\n\n\t\t\t P R O G R A M M E N D E  !\n\n");

}       /* Ende von void main() */
```

Das Programm liefert beispielsweise folgende Ausgabe:

```
            Karte ziehen (J/N)? j
            Gezogen wurde: Herz 9

            Karte ziehen (J/N)? j
            Gezogen wurde: Pik Koenig

            Karte ziehen (J/N)? j
            Gezogen wurde: Kreuz Dame

            Karte ziehen (J/N)?  n

            P R O G R A M M E N D E  !
```

Aufgabe 29:

In der folgenden Übung soll die Verwendung von Funktionen noch einmal
vertieft werden. Dabei soll sowohl eine externe (Bibliotheks-) Funktion, als
auch eine selbst definierte zur Verwendung kommen. Ferner sollen Sie einen
Eindruck von 'zufällig' erzeugten Variablenwerten bekommen. Diese zufälli-
gen Werte werden natürlich nicht wirklich zufällig, sondern auf mathemati-
schem Weg erzeugt. Die dabei zugrunde liegende Funktion liefert jedoch so
willkürliche Werte, daß sie sehr genau einen wirklichen Zufallsgenerator
simuliert. Auch in der Praxis werden solche mathematischen Zufallsmodelle
zur Nachbildung von scheinbar nicht beeinflußbaren Effekten verwendet. Wie
die Zufallswerte erzeugt werden, braucht uns im vorliegenden Fall nicht zu
interessieren, da uns die Funktion int rand(void) zufällige Werte zur Verfügung stellt. Diese Werte bewegen sich zwischen 0 und 65535, decken also den
ganzen Bereich einer int-Variablen ab.
Sie sollen nun einen Würfel auf dem Computer simulieren. Im Hauptprogramm
soll die Anzahl der Würfe mit scanf() eingelesen werden. Danach wird eine
Schleife durchlaufen, in der das Würfeln stattfindet. Um dabei Werte zwischen

1 und 6 zu erhalten, muß nur der Modulo-Operator % auf das Ergebnis der
Funktion rand() angewendet werden, also z.B.

```
wurf  =  (rand() % 6) + 1;
```

Danach soll der Wurf selbst und die bisherige Häufigkeit dieses Wurfes
ausgegeben werden, z.B. Wurf: 5 insgesamt 12 mal . Nachdem die Schleife
durchlaufen ist, soll eine Funktion mit Namen Statistik() aufgerufen werden,
die ausgibt, wie oft jede Zahl insgesamt 'gewürfelt' wurde und wie hoch der
Anteil in Prozent ist. Die Funktion soll nichts zurückliefern. Um die Häufigkeit der Würfe zu speichern, verwenden Sie bitte folgenden Vektor:

```
AUGEN cube[6];
```

Dabei ist der Typ AUGEN durch typedef short AUGEN; definiert.

a) Entwerfen Sie ein vollständiges Struktogramm für das Hauptprogramm
main() und die Funktion void Statistik().

b) Setzen Sie das Struktogramm in TURBO C++ Programmtext um.

III.10 Bitmanipulationen

Das nun folgende Kapitel ist losgelöst von der übergeordneten Thematik der
strukturierten Programmierung zu betrachten. Im Gegenteil, wir begeben uns
nun auf die unterste Maschinenebene und betrachten einzelne Bits. Obwohl
schon einige Male kurze Erklärungen zu Dingen wie Speicheraufbau und
Zugriff auf Adressen geliefert wurden, ist die Maschinennähe von 'C' bisher
kaum behandelt worden. Dies soll auch im wesentlichen so bleiben, weil dies
die Spezialität der Assemblerprogrammierung ist. Trotzdem folgt an dieser
Stelle der Exkurs zu Bitmanipulationen, weil sie ein häufig verwendetes
Werkzeug von TURBO C++ sind. Da Sie zu Beginn schon einige Kenntnisse
über die Binärdarstellung von Zahlen erlangt haben, sollte das Ganze keine
größeren Schwierigkeiten bereiten.
TURBO C++ verfügt über sechs Operatoren für die Manipulation von einzelnen Bits.

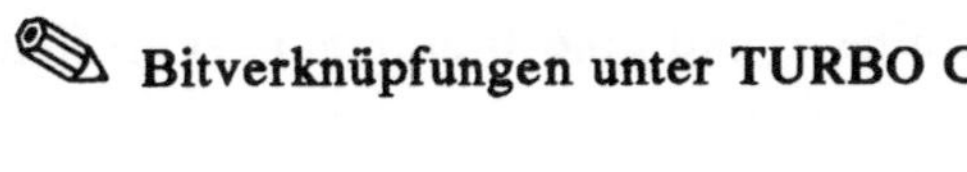

Bitverknüpfungen unter TURBO C++ :

&	*und*	Verknüpfung von Bits
|	*oder*	Verknüpfung von Bits
^	*exklusive oder*	Verknüpfung von Bits
<<		Bit-Verschiebung nach links
>>		Bit-Verschiebung nach rechts
~		Bit-Komplement (Vorzeichenoperator)

Was leisten nun die einzelnen Operatoren? Ein & verknüpft die Binärdarstellung von Werten. Seien z.B. a und b zwei Variablen vom Typ short, wobei gelten soll:

```
a   =     5;
b   =    11;
```

Dann liefert die Anweisung

die Ausgabe
```
printf("a  &  b  =  %hd \n", a & b);

a  &  b   =   1
```

Dazu muß man sich die Binärdarstellung von a und b vor Augen führen:

```
a  =  0000000000000101  =   5
b  =  0000000000001011  =  11
```

Verknüpft man nun die beiden Werte durch ein & miteinander, so geschieht dies völlig analog zur Verknüpfung von logischen Bedingungen. Treffen zwei Einsen aufeinander, so ist das Ergebnis 1, in allen anderen Fällen ist es 0, also:

```
    a  =       0000000000000101
&   b  =       0000000000001011
       ----------------------------
               0000000000000001   =   1
```

Entsprechend liefert die Oder-Verknüpfung nur dann 0, wenn zwei Nullen aufeinander treffen, ansonsten ist sie eins, d.h. a | b = 15, weil

```
    a  =       0000000000000101
|   b  =       0000000000001011
       ----------------------------
               0000000000001111   =   15
```

Das exklusive Oder liefert 1, wenn eine 1 und eine 0 aufeinander treffen,
ansonsten 0, also

```
      a =   0000000000000101
  ^   b =   0000000000001011
      ------------------------
            0000000000001110   =   14
```

Der Operator ~ negiert seinen Operanden, so daß z.B.

```
  ~   a =   1111111111111010   =   - 6
```

Die Operatoren $<<$ und $>>$ verschieben ihre linken Operanden um soviele
Bits nach links oder rechts, wie dies der rechte Operand angibt. Dabei werden
beim Schieben nach links grundsätzlich Nullen nachgeschoben, beim Schieben nach rechts gibt es systemspezifische Unterschiede. Manche schieben das
Vorzeichen nach (sog. *arithmetic shift*), andere ebenfalls Nullen (sog. *logical
shift*) . TURBO C++ schiebt bei vorzeichenlosen Zahlen (Schlüsselwort un -
signed) Nullen und sonst das Vorzeichen nach.

Beispiele: (a habe immer noch den Wert 5 = 0000000000000101)

```
      a  <<  2  =    0000000000010100   =   20

      a  >> 2  =     0000000000000001   =   1
```

☞ Bitmanipulationen sind nur auf ganzzahligen Variablen erlaubt!

Man sieht, ein Schieben nach links um zwei Positionen entspricht einer
Multiplikation mit zwei und ein Schieben nach rechts einer (ganzzahligen)
Division durch zwei, die wesentlich schneller ablaufen als mit den üblichen
Operatoren.
Diese Operationen werden häufig dazu benutzt, in einer Variablen mehrere
Informationen auf einmal zu speichern. So kann man sich z.B. eine Variable
vorstellen, die über den Zustand eines angeschlossenen Druckers Auskunft
geben soll. Dabei können unter anderem folgende Informationen wichtig sein:

1. Drucker angeschlossen?
2. Drucker online?
3. Papier im Drucker?

> 4. Verbindung o.k.?
> 5. Puffer leer?

Es sind also fünf ja/nein-Entscheidungen zu treffen. Dies kann man dadurch
realisieren, daß in einer char-Variablen die Bits 0 bis 4 entsprechend gesetzt
oder gelöscht werden. So könnte man z.B. nach der Definition

durch
```
        char druckerstatus = 0;

        druckerstatus = druckerstatus | 4;
               /*  (4 = 0000000000000100)  */
```

dafür sorgen, daß das Bit Nr. 3, welches darüber Auskunft gibt, ob Papier im
Drucker ist, gesetzt wird. Entsprechend könnte man dann durch

```
        druckerstatus = druckerstatus | 3;
               /*  (3 = 0000000000000011)  */
```

mitteilen, daß der Drucker sowohl angeschlossen als auch online ist. Löschen
ließen sich die entsprechenden Informationen durch eine &-Verknüpfung mit
dem entsprechenden Komplement, also

```
        druckerstatus = druckerstatus & ~4
               /*  ( ~4 = - 5 = 1111111111111011)  */
```

besagt, daß der Drucker nun kein Papier mehr hat.
Man kann die Schreibweise

```
        druckerstatus = druckerstatus & ~4;
```

natürlich wieder durch

```
        druckerstatus   &=    ~4;
```
abkürzen.
Beachten Sie bitte den Unterschied von logischen Operatoren && und || und
Bitoperatoren & und | ! Speziell in Abbruchbedingungen für Schleifen wer-
den häufig Fehler gemacht. So endet z.B. die Schleife

```
        for(i = 1; (i < 10) | (i > 100); ++i) ( . . . )
```

niemals, es findet eine Verknüpfung statt, die in TURBO C++ immer wahr
ist.
Wie bekommt man nun heraus, ob ein oder mehrere Bits in einer Variablen
gesetzt sind oder nicht? Dabei hilft die Funktion int getbits(int, BY-

TE, BYTE), die eine Anzahl von Bits ab einer bestimmten Position zurückliefert.

```
#include <stdio.h>
typedef char BYTE;

( . . . )

int getbits(int x, BYTE p, BYTE n)
                /* x ist die zu untersuchende Zahl */
{               /* liefert n Bits ab Position p aus x */

        return((x >> (p + 1 - n)) & ~(~0 <<  n));

} /*   Ende von int getbits()  */
```

Gehen wir von links nach rechts vor. Durch

$$x >> p + 1 - n$$

werden in der zu untersuchenden Zahl x die herauszufilternden Bits an den
rechten Rand geschoben. Sei z.B. x =   20 =   0..010100. Gesucht werden
die zwei Bits ab Position vier, also die 10 = 2. p ist demnach gleich 4 und n
gleich 2 .

$$x >> 3$$

liefert 0..000010 . Dies wird dann durch & mit $\sim(\sim0 << n)$ verknüpft. ~0
ist eine binäre Zahl, bei der alle Bits gesetzt sind. Wie groß sie ist, hängt von
der Größe der anderen Operatoren ab. So kann die Funktion ohne Änderung
auf short- oder char-Variablen angewendet werden. In unserem Beispiel besteht ~0 aus 16 Einsen, da int = 2 Bytes = 16 Bit.

$$\sim0 << n$$

schiebt also die ganze Kette von Einsen um n Positionen nach links und füllt
mit Nullen auf. Im Beispiel: 1..111100 . Diese Zahl wird nun negiert:
0..000011 und mit 0..000010 durch & verknüpft. Ergebnis: 0..000010 = 2.

Aufgabe 30:

Was liefern die Funktionsaufrufe von getbits() mit den Argumenten

    a) x = 44   p = 5   n = 3
    b) x = 75   p = 7   n = 2   ?

III.11 Dateiverwaltung

Dies ist ein Thema, das häufig ohne Grund zu Verständnisschwierigkeiten führt, weil es für Anfänger schwierig ist, die verschiedenen Möglichkeiten, Dateien anzusprechen, auseinanderzuhalten. Oft verwendete Begriffe sind **gepufferte** und **ungepufferte Ein- bzw. Ausgabe.** Wie werden uns, um Verständnisschwierigkeiten zu vermeiden, nur mit gepufferten Operationen beschäftigen und auch dort nur die einfachsten, aber am meisten verwendeten Funktionen kennenlernen. Wenn Sie diese beherrschen, wird Ihnen alles weitere kaum Probleme bereiten.

Wo liegt nun das eigentliche Problem im Umgang mit Dateien? Nun, es genügt leider nicht, dem Rechner zu sagen: "Speichere dieses und jenes in dieser oder jener Datei ab." Um mit einer Datei in TURBO C++ arbeiten zu können, muß diese zunächst "geöffnet" werden. Existiert die angegebene Datei noch nicht, so muß man sie erzeugen. Zum Glück gibt es jedoch Funktionen, die uns die meiste Arbeit abnehmen. Um eine Datei zu öffnen, verwendet man die Funktion **fopen()** (für engl. "file open"). Sie liefert einen sog. **Dateizeiger** (engl. "filepointer") zurück. Man kann sich darunter eine Marke auf das erste Element der Datei vorstellen. Als Argumente erwartet fopen() den Namen der Datei und eine Angabe, ob die Datei zum Lesen, Schreiben oder Anhängen geöffnet werden soll. Sie erkennen daran, daß man nicht wild in einer Datei operieren kann. Insgesamt sieht die Syntax der fopen()-Anweisung so aus:

```
FILE *fopen(<Dateiname>, <Modus>);
```

Die liefert einen neuen Datentyp, der speziell für Dateien geschaffen wurde, den Typ FILE (dieser Name muß groß geschrieben werden!). *<Dateiname>* ist eine beliebige Zeichenkette und *<Modus>* einer der Buchstaben r, w oder a. Ein r öffnet die Datei zum Lesen (engl. "read"). Durch Anhängen eines '+' kann eine Datei unter TURBO C++ zum Lesen UND Schreiben eröffnet werden. Existiert die Datei noch nicht, so enthält fp nach dem Aufruf die symbolische Konstante NULL, auf die im Zusammenhang mit Zeigern näher eingegangen wird. Hier genügt es zu wissen, daß man z.B. mit folgender Konstruktion einen Fehler beim Öffnen einer Datei zum Lesen abfangen kann. In diesem Zusammenhang sei darauf hingewiesen, daß die Funktion fopen(), der Datentyp FILE und die Konstante NULL alle in der Bibliothek stdio.h definiert sind.

Beispiel:

```
#include <stdio.h>

void  main()
{
        FILE *fp; /*  neuer Typ fuer Dateien  */

        ( . . . )

        if((fp = fopen("C:\COMPILER\DEMO.TXT", "r")) == NULL)
              printf("\n\t Fehler beim Oeffnen der Datei!\n");

        ( . . . )

}             /*  Ende von void main()  */
```

Beim Öffnen zum Schreiben muß der Fall, daß eine Datei nicht existiert, nicht beachtet werden, weil sie dann automatisch neu geschaffen wird. Es gibt zwei Möglichkeiten, eine Datei zu beschreiben. 1. Der Modus w (für engl. "write") öffnet eine Datei und überschreibt alle darin gespeicherten Informationen. 2. Der Modus a (für engl. "append") öffnet eine Datei und hängt alle Schreibzugriffe an die schon bestehenden Daten an. Existiert die Datei noch nicht, so smd die Modi w und a identisch.

Obwohl eine nicht existierende Datei beim Schreiben keine Schwierigkeiten bereitet, sollte immer eine Fehlerabfrage wie im obigen Beispiel vorhanden sein, weil die Datei existieren kann, aber nicht beschrieben werden darf. Dies kann sein, weil entsprechende Flags durch das Kommando attrib gesetzt wurden.

Analog zum Öffnen heißt die Funktion zum Schließen

```
int fclose(FILE *<Dateizeiger>);
```

sie erwartet als einzigen Parameter den Dateizeiger, so daß im obigen Beispiel am Programmende ein `fclose(fp);` stehen sollte. "Sollte", weil TURBO C++ am Programmende automatisch alle noch offenen Dateien schließt. Dies ist allerdings schlechter Programmierstil, weil nicht alle 'C'-Compiler so tolerant sind. Zu beachten ist, daß auch fclose() einen Wert zurückliefert, und zwar einen vom Typ Integer. Dies hängt damit zusammen, daß die Operationen gepuffert sind und es sein kann, daß sich noch Daten im Puffer befinden, die erst durch das fclose() tatsächlich auf den Datenträger zurückgeschrieben werden. Hat alles funktioniert, liefert fclose() eine 0, ansonsten die symbolische Konstante EOF. Möchte man Daten auf den Datenträger zurückschreiben, ohne die Datei zu schließen, verwendet man die Funktionen

```
int fflush(FILE *<Dateizeiger>);
```

um eine bestimmte Datei anzusprechen oder

```
int flushall(void);
```

um alle Puffer von offenen Dateien zurückzuschreiben. Die Rückgabewerte
sind dieselben wie bei fclose() .
Die meisten der nun folgenden Ein- und Ausgabefunktionen sind im wesent-
lichen schon bekannt. Zum Einlesen aus Dateien verwendet man **fscanf()**. Die
Argumente sind dieselben wie bei scanf(), nur daß hier natürlich noch der
Dateizeiger als erstes Argument hinzukommt, so daß z.B. ein

```
fscanf(fp, "%10s", st);
```

eine zehn Zeichen lange Zeichenkette aus der im obigen Beispiel angegebenen
Datei lesen würde. Neben fscanf() werden auch häufig fgets() und fgetc()
verwendet. Mit fgets() kann eine Zeichenkette bis zur nächsten Zeilenende-
markierung ('\n') eingelesen werden und mit fgetc() ein einzelnes Zeichen.

☞ Wie getc() liefert auch fgetc() einen Integer-Wert zurück, weil die Konstante EOF unter **TURBO C++** den Wert -1 hat.

Die Funktion zum Schreiben in Dateien heißt **fprintf()** und erhält als zusätz-
liches Argument gegenüber printf() den Dateizeiger. Um ein einziges Zeichen
zu schreiben, kann auch die Funktion

```
int putchar(int, FILE);
```

verwendet werden. Sie liefert im Normalfall das ausgegebene Zeichen zurück
oder im Fehlerfall ein EOF. Als Beispiel sie folgendes Programm vorgestellt,
das eine anzugebende Datei an eine andere anhängt.

```
#include <stdio.h>
#include <ctype.h>
        /*  fuer die Makros isalnum() und isspace()  */

void main()
{
        FILE *fpsource, *fpdest;
        register unsigned long zeichen, worte, zeilen;
        register int ch; /* int, weil fgetc() verwendet wird */
        char quelle[100], ziel[100];

        zeichen = worte = zeilen = 0;  /* Mehrfachanweisung */

        printf("\n\t Bitte Quelle angeben: ");
        scanf("%s", quelle);
```

```c
            if((fpsource = fopen(quelle, "r")) == NULL)
                printf("\n\tFehler beim Oeffnen von %s!\n", quelle);
            else
            {
                printf("\n\t Bitte Ziel angeben: ");
                scanf("%s", ziel);

                if((fpdest = fopen(ziel, "a")) == NULL)
                {
                    printf("\n\t Fehler beim Oeffnen von %s!\n",
                                                             ziel);
                    fclose(fpsource);
                }
                else
                {
                    do
                    {
                        ch = fgetc(fpsource);   */
    /*    Es wird nicht nur angehaengt, sondern auch
    mitgezaehlt.   */
                        if(isalnum(ch))     zeichen++;
                        if(isspace(ch))     worte++;
                        if(ch == '\n')      zeilen++;

                        fprintf(fpdest, "%c", ch);
                        /*  oder fputc(ch, fpdest);   */

                    }while(ch != EOF);
                    if(fclose(fpsource) != 0)
                        printf("\n\t Fehler beim Schliessen
                                    von %s!\n", quelle);

                    if(fclose(fpdest) != 0)
                        printf("\n\t Fehler beim Schliessen
                                    von %s!\n", ziel);
                    printf("\n\t %ld Zeichen , %ld Worte und %ld
                    Zeilen angehaengt!\n", zeichen, worte, zeilen);
                }
            }
    }       /*  Ende von void main()   */
```

In diesem Programm ist die Verwendung von fgetch() der von fscanf() vorzuziehen, weil mit fscanf() keine Register-Variablen verwendet werden können.

Aufgabe 31:

Schreiben Sie ein Programm, das maximal 100 Dateinamen einliest und die
Inhalte hintereinander in eine neue Datei schreibt. Existiert die Zieldatei
bereits, soll der Benutzer gefragt werden, ob er die Datei wirklich überschrei-
ben möchte.

IV Zeiger

In diesem Abschnitt werden die letzten Beschränkungen bei der Programmierung in TURBO C++ fallen. Sie werden eine Menge an interessanten Dingen erfahren, die die Programmiersprache TURBO C++ erst ausmachen. Was wir bisher kennengelernt haben, ist in nahezu jeder anderen Programmiersprache auch möglich. Mit dem Konzept der **dynamischen Speicherverwaltung** wird es möglich, Speicher zur Laufzeit des Programms anzufordern und freizugeben. Dies können die "klassischen" Programmiersprachen wie COBOL oder Fortran nicht. PASCAL-Programmierer haben Vorteile, denn auch dort gibt es Zeigervariablen. Damit Sie nur einen ganz kleinen Vorabeindruck von den Möglichkeiten erhalten, die Zeiger bieten, stellen Sie sich das Problem vor, ein Datenverwaltungsprogramm schreiben zu wollen, z.B. eine Personalkartei. Es steht jedoch zum Zeitpunkt der Programmierung nicht fest, für wieviele Personen die Kartei reichen soll. Damit Ihr Programm auch in Zukunft seinen Zweck erfüllt, können Sie natürlich eine momentan viel zu große Anzahl an Einträgen zulassen und verschwenden damit sinnlos Speicherplatz. Oder Sie orientieren sich am momentanen Personalstand und können fast sicher sein, daß Sie damit in absehbarer Zeit nicht mehr auskommen. Das Problem besteht also darin, nicht zuviel und nicht zuwenig Speicherplatz im Programm für die Kartei zu reservieren. Am besten wäre es, wenn das Programm selbst nur soviel Speicherplatz anfordert, wie es gerade benötigt. Und genau hier kommen Zeiger ins Spiel. Sie bieten die Möglichkeit, Speicher zur Programmlaufzeit anzufordern, wenn er benötigt wird, und freizugeben, wennman ihn nicht mehr braucht. Die Erfahrung zeigt, daß das Zeigerkonzept beinahe jedem Anfänger Probleme bereitet. Eine gewisses Stehvermögen sollten Sie also schon mitbringen. Doch nun genug der Vorrede, fangen wir mit den (noch) mysteriösen Zeigern an und klären zunächst die grundsätzlichen Begriffe. Schon hier taucht oft Bekanntes wieder auf. Dies setzt sich vor allem dann fort, wenn es um den Zusammenhang zwischen Zeigern und Vektoren geht, weil Vektoren letztlich nichts anderes sind als ein Spezialfall von Zeigern.

?   Zur Lösung des Problems hat jede Person mindestens einen Plan, der nicht funktioniert.

IV.1 Zeiger und Adressen

Der Begriff **Adresse** ist schon mehrfach aufgetaucht. Zum einen im Zusammenhang mit dem Speicheraufbau eines Computers und zum anderen mit der Funktion scanf(). Sie haben gelernt, daß diese Funktion als Übergabeparameter die Adresse einer Variablen benötigt, um an dieser Adresse einen Wert einzutragen, der an der Tastatur eingegeben wird. Zur Ermittlung der Adresse einer Variablen haben wir den **Adressoperator** & verwendet. Er kommt auch jetzt wieder ins Spiel. Angenommen, wir haben eine Variable a durch short a; definiert und möchten uns ansehen, an welcher Stelle sie abgespeichert ist, dann kann man sich diese Adresse durch

```
printf("Adresse von a ist %p \n", &a);
```

ausgeben lassen.

 Das Formatsteuerzeichen %p dient zur Ausgabe von Speicheradressen.

Den umgekehrten Weg geht man bei der Verwendung eines Zeigers.

 Ein Zeiger ist eine Variable, die die Adresse einer anderen enthält.

Man kennzeichnet Zeigervariablen in TURBO C++ durch Voranstellen eines * vor den Variablennamen, z.B. short *b; Die Variable b enthält die Adresse eines Objektes vom Typ short. Was heißt das? Nehmen wir an, wir hätten folgendes definiert:

```
#include <stdio.h>

void main()
{
        short a;
        short *b;

        a  =  36;
        b  =  &a;

        printf("\n\t a = %hd\t\t b = %p\n", a,b);

}       /*  Ende von void main()  */
```

Das Programm gibt aus:

```
a = 36          b = FFCA
```

Woher die Ausgabe `a = 36` kommt ist klar. Was enthält b? Wir haben oben gesagt, dort steht die Adresse, an der a abgespeichert wird. Dies ist offensichtlich an Adresse `FFCA` der Fall.

Die Variable b enthält als Wert die Adresse, an welcher die short-Variable a abgespeichert worden ist. Um auf ihren Wert zugreifen zu können, d.h. auf die 36, gibt es zwei Möglichkeiten. Einmal über den Variablennamen a und zum anderen über den Inhaltsoperator `*`. Wir wissen, daß b die Adresse enthält, an der a abgespeichert worden ist. Mit `*b` erhalten wir genau den Wert, der an der Adresse b im Speicher liegt. Die Anweisung

```
printf("\t*b  =   %hd\n",*b);
```

würde also genau ausgeben

```
*b  =  36
```

Man sagt kurz: *"Der Inhalt von b beträgt 36."* Umgekehrt haben wir ebenfalls zwei Möglichkeiten, um auf die Adresse von a, also den Platz, wo die 36 abgespeichert wurde, zugreifen zu können. Zum einen durch das schon bekannte &a und zum anderen durch b.

```
printf("%p", &a);
```

und

```
printf("%p", b);
```

würden also das Gleiche ausgeben.

Kurz kann man die Verbindung der beiden Operatoren & und * so herstellen:

```
b  =  &a        bzw.        a  =  *b
```

 Ein * vor einer Zeigervariablen liefert deren Inhalt und ein & vor einer Variablen liefert deren Adresse.

Falls man also z.B. definiert hat `float *f;` wird der Inhalt `*f` ausgegeben durch

```
printf("Inhalt: %f\n", *f);
```

aber die Adresse selbst durch

```
        printf("Adresse: %p\n", f);
```

> Adressen sind immer vom Typ Integer. Zur Ausgabe verwendet man
> das spezielle Formatsteuerzeichen %p .

IV.2 Zeiger und Funktionen

Wenn wir bisher eine Funktion mit Argumenten aufgerufen haben, so wurden
bei diesem Aufruf Kopien angefertigt, mit denen die Funktion arbeitete. Wir
hatten so keine Möglichkeit, die übergebenen Argumente in der aufgerufenen
Funktion so zu bearbeiten, daß sie auch in der aufrufenden Funktion Wirkung
zeigten. Nun sei z.B. das Problem gegeben, eine Funktion schreiben zu wollen,
die zwei Variablen tauscht. Wie könnte man so etwas formulieren? Zunächst
die **falsche Version**:

```
#include <stdio.h>

void main()
{
        void swap(float, float);    /* Funktionsdeklaration  */
        float a, b;

        printf("\n\tBitte erste Zahl eingeben (a): ");
        scanf("%f", &a);
        printf("\n\tBitte zweite Zahl eingeben (b): ");
        scanf("%f", &b);

        swap(a,b);      /*  <-- so funktioniert es nicht!  */


        printf("\n\t Nach swap()\t a = %.2f\t b = %.2f \n",
                                                        a, b);
}       /*  Ende von void main()  */
```

```
void swap(float x, float y)
{
        float  dummy  =  x;

        x  =  y;
        y  =  dummy;

}  /*  Ende von void swap()  */
```

Das Programm tut leider gar nichts, wie folgende Ausgabe zeigt:

```
        Bitte erste Zahl (a) eingeben: 10.0
        Bitte zweite Zahl (b) eingeben: 20.0

        Nach swap()   a  =  10.00    b  =  20.00
```

In den Funktionsparametern x und y von swap() werden Kopien der Aufrufargumente a und b angelegt, mit denen gearbeitet wird, d.h. es werden x und
y vertauscht, nur leider hat das überhaupt keine Wirkung im Hauptprogramm.
Die Lösung des Problems liegt darin, der Funktion swap() nicht die Werte von
a und b , sondern die Adressen von a und b zu übergeben. Wenn die Funktion
nämlich weiß, wo sie etwas im Speicher verändern soll, zeigt dies sicher auch
Wirkung im Hauptprogramm. Nichts anderes geschah ja auch bei scanf(). Wir
teilten der Funktion mit, wo sie etwas im Speicher schreiben soll und arbeite-
ten damit in der aufrufenden Funktion. Nun nennen wir der Funktion swap()
die Werte, an welchen Adressen zu vertauschen sind. swap() vertauscht diese
Werte, und wenn im Hauptprogramm wieder auf die Adressen, die sich ja nicht
geändert haben, zugegriffen wird, stehen dort die veränderten (getauschten)
Werte. Das Programm sieht nur geringfügig verändert so aus:

```
#include <stdio.h>

void main()
{
        void swap(float, float) ;      /* Funktionsdeklaration */
        float a, b;

        printf("\n\tBitte erste Zahl eingeben (a): ");
        scanf("%f", &a);
        printf("\n\tBitte zweite Zahl eingeben (b): ");
        scanf("%f", &b);

        swap(&a,&b);  /*  Die Adressen werden uebergeben  */

        printf("\n\t Nach swap()\t a = %.2f\t b = %.2f \n",
                                                        a, b);
}        /*  Ende von void main()  */
```

```
    void swap(float *x, float *y)

    {

            float dummy  =  *x;
            /* die Inhalte der Adressen werden vertauscht!!! */

            *x  =  *y;
            *y  =  dummy;

    }  /*  Ende von void swap()  */
```

Und siehe da, nun ist auch die Ausgabe korrekt:

```
        Bitte erste Zahl eingeben: 10.0
        Bitte zweite Zahl eingeben: 20.0

        Nach swap()    a  =  20.00    b  =  10.00
```

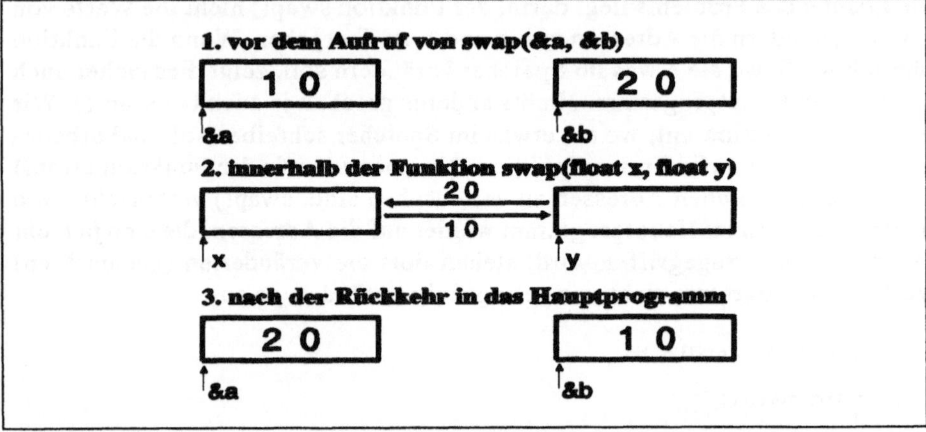

Abb.27 Schematische Wirkung der Funktion swap()

Aufgabe 32:

Schreiben Sie ein Programm, das ein Feld von maximal 10000 ganzen Zahlen vom Typ int in einer Funktion zufällig mit Werten füllt. Rufen Sie danach eine Funktion Sort() auf, die einen Zeiger auf das soeben eingelesene Feld als Argument erhält. (Sie sollen also so wie bisher auch das Feld an die Funktion übergeben, also beispielsweise Sort(a);).

IV.3 Zusammenhang zwischen Zeigern und Vektoren

Bevor auf die Zusammenhänge von Zeigern und Vektoren eingegangen wird, machen wir uns zunächst die Unterschiede klar. Die Definition einer Zeigervariablen reserviert immer nur Speicherplatz, um eine Adresse (also ein Wort = zwei bzw. vier Byte) zu speichern, egal ob es ein Zeiger auf eine short oder double-Variable ist. Demgegenüber wird durch die Definition eines Vektors (Variablenfeldes) immer ein ganzes "Stück Speicher" reserviert, beispielsweise durch `int a[100];` Platz für 100 einzelne Variablen vom Typ Integer. Einiges haben beide Datentypen jedoch gemeinsam: Gehen wir dazu noch einmal zurück zu unserem Beispielprogramm zur Berechnung der Länge einer Zeichenkette [Funktion Len()]. Dort hatten wir ein Feld `st` von 1001 Elementen erzeugt und dieses durch

```
scanf("%1000s", st);
```

mit Zeichen gefüllt. Danach wurde die Funktion Len() mit diesem Feld als Argument aufgerufen.

```
a  =  Len(st);
```

Die Funktion Len() sah folgendermaßen aus:

```
int Len(char string[])
{
        register unsigned int i = 0;

        while((string[i] != '\0') && (i <= MAXLAENGE))
            i++;

        return(i);

}       /*  Ende von Len()  */
```

In diesem Zusammenhang wurde darauf hingewiesen, daß die Übergabe von Vektoren an Funktionen anders abläuft als bei "normalen" Variablen. Es wird nämlich nur die Adresse des ersten Feldelementes übergeben. Es wird also nicht jedes einzelne Element in einen neuen Speicherbereich kopiert, sondern nur eine Adresse übergeben. Im Unterprogramm werden dieselben Elemente (derselbe Speicherbereich) bearbeitet wie im Hauptprogramm. Nimmt man dort Veränderungen an den Feldelementen vor, so sind diese auch im Hauptprogramm wirksam.

Für die Adresse einer Variablen kennen Sie bereits den Operator & . Anstelle
von

```
        a = Len(st);
```

kann man genausogut schreiben:

```
        a  =  Len(&st[0]);
```

Beide Formulierungen meinen dasselbe, denn &st[0] und st zeigen beide
auf das erste Feldelement. Deshalb wurde auch beim Einlesen mit scanf() das
Kaufmanns-Und (&) weggelassen. Es heißt

```
        scanf("%1000s", st);
```

Da eben erklärt wurde, daß st die Adresse des ersten Feldelementes ist, hat
scanf(), so wie es verlangt ist, eine Adresse als Argument erhalten. Hier kann
man natürlich ebenfalls schreiben:

```
        scanf("%1000s", &st[0]);
```

Wenn nun st eine Adresse meint, sollte es doch möglich sein, sie in Zusammenhang mit einer Zeigervariablen zu bringen. Angenommen, es liegt folgendes Programmstück vor:

```
    #include <stdio.h>

    void main()
    {
            int a[100];      /*    Definition eines Feldes von
                                   100 Elementen   */

            int *p;    /*    Definition einer Zeigervariablen,
                             die auf eine Variable vom Typ
                             int zeigt.   */
            a[0]  =  10;

            p  =  &a[0];   /*    p erhaelt die Anfangsadresse
                                 des Feldes a[100]   */
            /*  Analog haette man  p  =  a;  schreiben können.   */

            ( . . . )

    }        /*  Ende von void main()   */
```

Die Anfangsadresse vom Feld a[100], also die Adresse von a[0], steht in
der Variablen p. Demzufolge steht nicht nur in a[0] eine 10 sondern auch in
*p. Der Inhalt des ersten Elementes ist also in *p abgelegt. Es stellt sich die

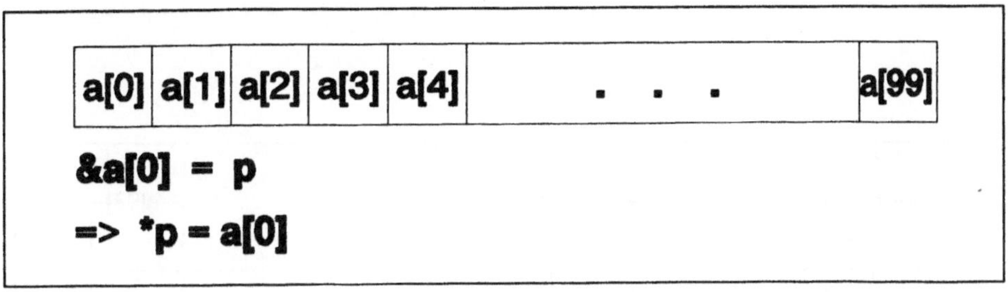

a[0] a[1] a[2] a[3] a[4]   . . .   a[99]

&a[0] = p

=> *p = a[0]

Abb.28 Zusammenhang zwischen Zeigern und Vektoren

Frage, ob man sofort über p auch auf die anderen Elemente des Feldes
zugreifen kann. Wie kommt man beispielsweise an den Inhalt von a[2]? In
p ist die Adresse des vordersten Elementes a[0] gespeichert. Man muß die
übernächste Adresse ermitteln und kann dann auf das gesuchte Element zugreifen. p ist ein Zeiger auf eine int-Variable. p+1 ist also die Adresse, der
direkt "danebenstehenden" int-Variablen und p+2 die Adresse der gesuchten
übernächsten. Die Adresse von a[2] (d.h. &a[2]) kann man durch p + 2
erhalten. Das Element, welches an dieser Adresse abgespeichert ist, erhält man
demnach durch *(p + 2), d.h. a[2] und *(p + 2) meinen dasselbe.
Nach der obigen Zuweisung p = &a[0]; (bzw. p = a;) können wir also die
Feldelemente sowohl wie bisher durch a[0], a[1], a[2] usw. ansprechen
als auch durch *(p + 0), *(p + 1), *(p + 2), usw.
Als Beispiel diene noch einmal die Funktion Len(). Nun soll sie jedoch mit
Zeigern realisiert werden. Das Hauptprogramm bleibt völlig unverändert.

```
int Len(char *string)
{
        register unsigned int i;

        for(i = 0; *(string++) != '\0'; i++)
             ;      /*  Leere Anweisung  */

        return(i);
}       /*  Ende von Len()  */
```

Wichtig bei allen Zuweisungen der Form p = &a[0]; (bzw. p = a;) ist,
daß der Typ der Feldelemente von a und der Typ des Elementes, auf das p
zeigt, gleich sind. Hätten wir im obigen Beispiel p als char *p; definiert,
wäre die Zuweisung p = &a[0]; mit einer Warnung bedacht worden, und die
Übersetzung hätte dennoch funktioniert. Wollten wir dann jedoch das Element
a[2] über *(p + 2) ansprechen, wäre es mit Sicherheit daneben gegangen,
weil (p + 2) nur soviele Bytes weitergeht, wie zur Speicherung einer char-
Variablen benötigt werden, also ein Byte. Erst *(p + 8) würde uns nun das
Element a[2] liefern.

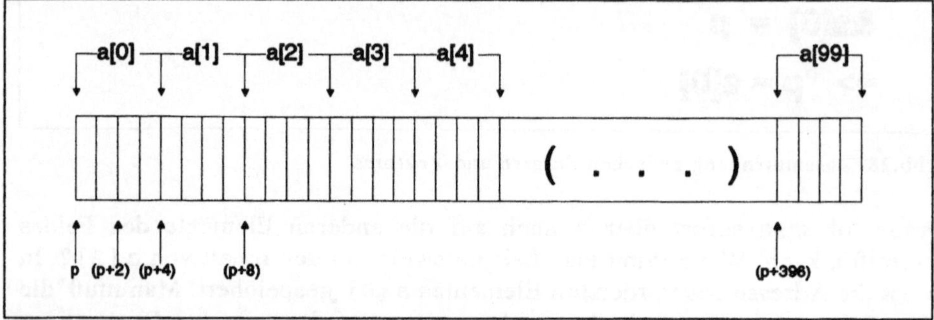

Abb.29 Speicher bei nicht übereinstimmenden Typen

 Achten Sie bei der Verknüpfung von Zeigern und Vektoren besonders
auf übereinstimmende Typen.

Aufgabe 33:

Notieren Sie bitte die Ausgaben des folgenden TURBO C++ Programms:

```
#include <stdio.h>

void main()
{
        char st[1000] = {"REGENWETTER"};
        int a[500];
        char *pst;
        int x, *pa;

        pst  =  st;

        pa  =  &a[4];

        for(x = 10; x >= 0; x--)
            a[x] = x * 100;

        printf("\n\t\t st = %s \t *(pst + 4) = %c\n",
                                st, *(pst + 4));


        printf("\n\t\t *(pa + 2) = %d \t a[1] = %d\n",
                                *(pa + 2), a[1]);
```

```
      *pst  -=  1;

      *(pa + 3)  =  *(pa + 2) - *(pa + 1);

      printf("\n\t\t *pst = %c \t *(pa + 3) = %d \t
                   a[7] = %d\n", *pst, *(pa + 3), a[7]);

}         /*  Ende von void main()  */
```

IV.4 Argumente aus der Kommandozeile

Im vorangegangenen Abschnitt haben wir uns ausgiebig mit Funktionen, Argumenten und Rückgabewerten beschäftigt. Dabei wurde eine Funktion, was Argumente angeht, jedoch nicht betrachtet: main() . Jedoch besteht auch hier die Möglichkeit, Argumente zu übergeben. Diese werden beim Programmaufruf aus der Kommandozeile mit angegeben, so daß z.B. ein Aufruf der Form

```
APPEND   C:\COMPILER\HALLO.C    C:\COMPILER\TEST.C
```

das Programm APPEND mit den beiden Dateien HALLO.C und TEST.C als Argument aufrufen würde. Diese Argumente können innerhalb des Programms, wie "normale" Funktionsparameter behandelt werden. Wie jedoch allgemein bei Funktionen üblich, müssen die Typen der übergebenen Argumente angegeben werden. Diese können nicht gewählt werden, sondern sind bei allen 'C'-Compilern gleich. An die Funktion main() werden Argumente übergeben, die in den Parametern argc und argv stehen. argv steht für "argument value" und argc für "argument counter" (dt. *"Argumentzähler"*). Sie sind folgendermaßen definiert:

argc ist vom Typ int und gibt an, wieviele Argumente übergeben wurden. Dabei zählt der Programmname mit als Argument, so daß argc im obigen Beispiel den Wert drei besäße. Die Variable argv ist ein Zeiger auf einen Vektor mit Zeichenketten, die die Argumente enthalten. Das hört sich schlimm an, ist es jedoch nicht. In obigem Beispiel wäre argv[0] ein Zeiger auf den Programmnamen. Schriebe man also

```
printf("Programmname: %s \n", argv[0]);
```

so würde das Programm ausgeben:

>   Programmname: append

Analog enthält `argv[1]` **einen Zeiger auf die Zeichenkette** `C:\COMPI-`
`LER\HALLO.C`
**Verwenden wir diese Argumente, um das Programm aus Aufgabe 31 zum
Zusammenfügen von Dateien so abzuändern, daß die Dateinamen nicht innerhalb des Programms eingelesen werden, sondern bereits beim Programmaufruf
als Argument übergeben werden. Außerdem können mehrere Dateien zusam-
mengesetzt werden können.**

```
#include <stdio.h>
#include <ctype.h>/* fuer die Makros isalnum() und isspace()*/

main(int argc, char *argv[]) /*  oder auch **argv;  */
{
        FILE *fpsource, *fpdest;
        register unsigned long zeichen, worte, zeilen;
        register int ch;
        short i, ret = 0;
        zeichen = worte = zeilen = 0;
        if(argc < 3)    /*   Es muessen mind. drei Argumente
                             uebergeben werden.  */
        {
            printf("\n\t Aufruf: %s Quelle(n) Ziel\n",argv[0]);
            return(-1);
        }

        if((fpdest = fopen(argv[argc-1], "a")) == NULL)
        /*  Oeffnen des Zieles, das als letztes Argument
            angegeben wurde. Das letzte Argument, also
            das Ziel, steht in argv[argc-1], weil die
            Argumentzaehlung bei argv[0] beginnt.  */
        {
            printf("\n\t Fehler beim Oeffnen von %s!\n",
                                            argv[argc]);
            ret = -1;
        }
        else
        {
            for(i = 1; i < (argc-1); i++)
            {
                if((fpsource = fopen(argv[i], "r")) == NULL)
                {
                    printf("\n\t Fehler beim Oeffnen von
                                    %s!\n", argv[i]);
                    continue;
                }
                else
                {
                    ret++;      /*   Zaehler fuer erfolgreiche
                                Kopien erhoehen  */
```

```
                      do
                      {
                          ch = fgetc(fpsource);

                          if(isalnum(ch))     zeichen++;
                          if(isspace(ch))     worte++;
                          if(ch == '\n')      zeilen++;

                          fputc(ch, fpdest);

                      }while(ch != EOF);
                      if(fclose(fpsource) != 0
                          printf("\n\t Fehler beim Schliessen
                                     von %s!\n", argv[i]);
                  }
              }     /*  Ende von for(i... )   */
          if(fclose(fpdest) != 0)
          {
              printf("\n\t Fehler beim Schliessen von %s!\n",
                          argv[argc-1]);
              ret = -1;
          }

          printf("\n\t %ld Zeichen , %ld Worte und %ld Zeilen
                      angehaengt!\n", zeichen, worte, zeilen);
      }     /*  Ende von else  */
  return(ret);
      /*  Ende von main()   */
}
```

 An die Funktion main() können zwei Argumente von der Betriebssystemebene aus übergeben werden: `argv` ist ein Feld aus Zeigern auf die Aufrufargumente, und `argc` gibt die Anzahl der Argumente an.

? Wenn eine Diskette im Laufwerk klemmt, wende Gewalt an. Wenn Sie kaputt geht, hätte sie sowieso erneuert werden müssen.

IV.5 Zeiger auf Strukturen

Unsere bisherigen Zeiger verwiesen immer auf Adressen (Speicherstellen), an denen Variablen aus vordefinierten Datentypen abgelegt waren, z.B. `int *a;` definierte eine Zeigervariable mit Namen a, die auf ein Element vom Typ int zeigte. Definierten wir dann eine solche int-Variable, z.B.

int b; konnten wir die Adresse dieser Variablen b an die Zeigervariable a durch a = &b; zuweisen. Völlig analog ist das ganze nun bei selbstdefinierten Datentypen, von denen uns hier nur die Strukturen interessieren. Nehmen wir folgende Strukturdeklaration:

```
struct eintrag1{
                char name[20];
                char vorname[12];
                char strasse[20];
                int hausnr;
                int plz;
                char ort[20];
                };
```

Wir schaffen hier eine Struktur, die aus sechs Komponenten besteht, nämlich einer maximal 20 Zeichen langen Zeichenkette mit Namen name, eine maximal zwölf Zeichen lange Zeichenkette mit Namen vorname, noch eine Zeichenkette mit Namen strasse, eine int-Variable mit Namen hausnr usw. Definieren wir nun im Hauptprogramm eine Variable dieses Typs, z.B.

```
struct eintrag1 mueller;
```

dann können wir auf die Adresse dieser Struktur zugreifen durch &mueller, als die Adresse des ersten Elementes oder natürlich auch durch &(mueller.name) als Adresse, an der die Komponente mueller.name abgelegt wird. Es ist also &mueller = &(mueller.name).

☞ Beim Adreßzugriff auf Strukturkomponenten müssen Klammern stehen, weil ' & ' stärker bindet als ' . ' !

Um nun beispielsweise auf die Adresse, an der die Komponente mueller.hausnr abgelegt wird, zuzugreifen, schreibt man analog &(mueller.hausnr).

Wir schaffen uns eine Zeigervariable mit Namen elem durch

```
struct eintrag1 *elem;
```

Weisen wir danach zu elem = &mueller; so zeigt die Variable elem auf den Anfang der Struktur mueller, d.h. elem enthält die Adresse von mueller. Es stellt sich wieder die Aufgabe, über den Zeiger elem auf die einzelnen Strukturkomponenten zuzugreifen. Wie erhält man also beispielsweise das Element mueller.hausnr über den Zeiger? Nun, wir wissen, elem enthält die Adresse, an der die Struktur mueller anfängt. Wir möchten

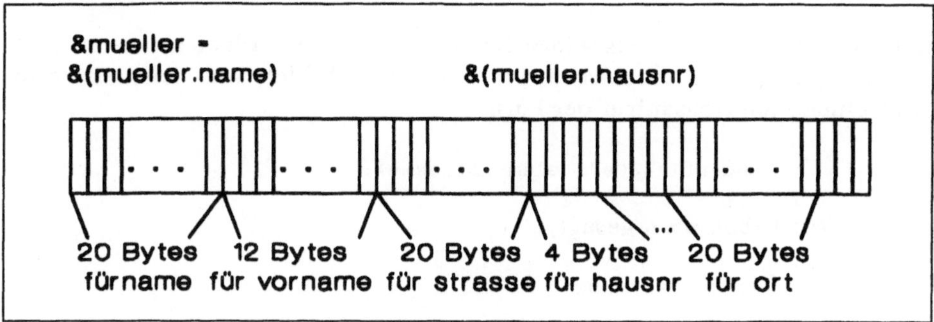

Abb. 30 Speicherbelegung durch struct eintrag1

den Inhalt einer Strukturkomponente ermitteln. Für den Inhalt gab es das `*`-
Symbol. Enthalte z.B. `mueller.hausnummer` die Zahl 10, dann kann man
auf diese 10 ebenfalls zugreifen durch `(*elem).hausnr`. Wir holen so den
Inhalt der Strukturkomponenten `mueller.hausnr`. Die Schreibweise
`(*elem).hausnr` ist in TURBO C++ unüblich. Stattdessen wird meist
folgende verwendet: `elem->hausnr`. Hier wird noch deutlicher, daß `elem`
eine Zeigervariable ist und wir durch `elem->hausnr` auf den Inhalt der
Komponenten hausnr zeigen. Wir haben z.B. folgendes Programmstück vor
uns:

```
( . . . )

elem = &mueller;/* ab hier zeigt elem auf mueller  */

printf("\t\t\t Nachname: ");
scanf("%20s", elem->name);

printf("\t\t\t Vorname: ");
scanf("%12s", elem->vorname);

printf("\t\t\t Strasse: ");
scanf("%20s", elem->strasse);

printf("\t\t\t Hausnummer: ");
scanf("%d", &(elem->hausnr));

do
{
    printf("\t\t\t Postleitzahl: ");
    scanf("%d", &(elem-plz));
}while((new->plz < 1000) || (new->plz >= 9000));

printf("\t\t\t Ort: ");
scanf("%20s", elem->ort);

( . . . )
```

Es werden Werte in die einzelnen Komponenten eines Elementes vom Typ
`struct eintrag1` eingelesen. Machen Sie sich klar, was beispielsweise
durch einen Funktionsaufruf der Form

```
scanf("%20s", elem->strasse);
```

passiert. Wir haben oben gesagt,

```
elem->strasse
```

meint

```
(*elem).strasse
```

Es wird also der Inhalt der Strukturkomponente `strasse` an die Funktion
scanf() übergeben. Dieser Inhalt ist eine Adresse, die des ersten Elementes der
Zeichenkette `strasse`.
Was passiert nun bei

```
scanf("%d", &(elem->hausnr));    ?
```

`elem->hausnr` gibt den Inhalt der Komponenten `hausnummer` an. Hier
steht eine int-Variable, die einen Wert erhalten soll. Für scanf() benötigen wir
die Adresse dieser Variablen, d.h `&(elem->hausnr)`. Damit haben wir den
schwierigsten Teil für den Umgang mit Zeigern hinter uns gebracht. Es wird
zwar nun nicht ganz einfach, wenn Sie jedoch das vorherige einigermaßen
verstanden haben, sollte das nun kommende wenig Probleme bereiten.

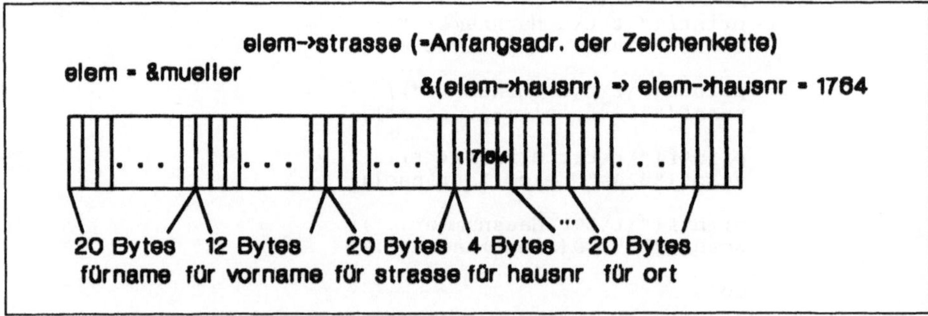

Abb. 31 Einige Zeigerkomponenten auf struct eintrag1

Alles, was bisher mit Zeigern gemacht wurde, konnte auch mit Vektoren oder einfachen Strukturen realisiert werden. Wir mußten beispielsweise extra eine Variable `mueller` vom Typ `struct eintrag1` definieren, um überhaupt mit dem Zeiger `elem` arbeiten zu können. Es mußte ihm gesagt werden, wohin er zeigen soll, damit man auf Elemente zugreifen kann. Die Definition der Variablen `mueller` war dennoch nur eine Hilfsmaßnahme, um das Verständnis für Zeiger und die Inhalte von Adressen zu erreichen. Im folgenden Kapitel fallen solche Hilfsvariablen weg. Es wird nur noch mit Zeigern gearbeitet.

IV.6 Dynamische Speicherverwaltung

Ein Zeigern muß immer wissen, wohin er eigentlich zeigen soll. Das war schon bei den ganz einfachen Definitionen, z.B. `int *a;` so. Man benötigte eine Variable, z.B. `int b;` , auf die a zeigen konnte, durch a = &b; Genauso haben wir es auch im vorigen Abschnitt mit unseren Strukturen gehalten. Es gibt in TURBO C++ die Möglichkeit, einen bestimmten Speicherbereich erst während der Programmlaufzeit zu reservieren. Bisher reservierten wir den Speicher durch die Variablendefinition, z.B. `long erg;` reservierte 4 Bytes zur Aufnahme eines ganzzahligen Wertes. Analog reservierte `float f[100];` 400 Bytes für 100 Variablen vom Typ float. Der Speicherplatz war also statisch. Benötigt man beispielsweise nach der Definition von f 110 solcher Variablen, muß das gesamte Programm umgeändert werden. Auf der anderen Seite hat man viel verschwendet, wenn nur 10 Werte gebraucht werden. In TURBO C++ gibt es jedoch die Funktion

```
void *malloc(<Anzahl zu reservierender Bytes>);
```

die einen Speicherbereich bestimmter Größe reserviert und einen Zeiger auf die erste Adresse des reservierten Bereichs liefert. Der Typ des Zeigers spielt keine Rolle, weil malloc() einen sog. "Pointer to void", das ist ein Zeiger auf ein beliebiges Objekt, zurückliefert. Als Argument erhält sie die Anzahl der zu reservierenden Bytes. Nehmen wir also an, wir benötigen eine Variable vom Typ `struct eintrag1`, weil wir eine neue Person eintragen möchten, dann liefert

```
elem = malloc(sizeof(struct eintrag1));
```

genau das, was wir wollen; elem enthält nach diesem Aufruf die erste Adresse eines Speicherbereichs, der genau ein Element vom Typ struct eintrag1 aufnehmen kann. Konnte der Speicherbereich nicht reserviert werden, so enthält elem die symbolische Konstante NULL , so daß man z.B. durch folgende Abfrage

```
if(elem  ==  NULL)
    printf("\n Speicher konnte nicht angefordert werden!\n");
```

den Benutzer darauf aufmerksam machen kann, daß der gewünschte Speicherbereich nicht reserviert werden konnte.

Die Funktionen malloc() sowie die symbolische Konstante NULL sind in der Standardbibliothek alloc.h definiert und müssen deshalb zu Programmbeginn durch

```
#include <alloc.h>
```

in das Programm mit eingebunden werden.

Das Gegenstück zu malloc() heißt

```
void free(void *<Zeigervariable>)
```

und gibt einen Speicherbereich anzugebender Größe wieder zur allgemeinen Verwendung frei. Hat man beispielsweise genug mit elem gearbeitet, gibt

```
free(elem);
```

den Speicher wieder frei, und alle Einträge in die Strukturkomponenten sind verloren.

Schön und gut, wir brauchen nun also nicht mehr extra eine Variable zu definieren, um Speicherplatz zu erhalten, dafür müssen wir malloc() aufrufen. Auch hier schaffen wir nur Platz für ein Element, und um ein weiteres zu erzeugen, ohne daß das erste verloren geht, brauchen wir eine zweite Zeigervariable, z.B.

```
struct eintrag1 *elem, *top;

( . . . )

elem = malloc(sizeof(struct eintrag1));
top = malloc(sizeof(struct eintrag1));
```

Hier können wir mit beiden gleichzeitig arbeiten. Die Anzahl der benötigten Zeiger muß aber schon beim Programmieren bekannt sein, weil wir ebensoviele Zeigervariablen benötigen. Wo bleibt die dynamische Speicherverwaltung, mit der Speicher während des Programmablaufs angefordert wird? Dazu ändern wir unseren Datentyp `struct eintrag1` etwas ab und nennen ihn nun `struct eintrag`, weil dies die endgültige Form ist:

```
struct eintrag{
              char name[20];
              char vorname[12];
              char strasse[20];
              int hausnr;
              int plz;
              char ort[20];
              struct eintrag *next;
              };
```

Was wurde gemacht? Der Typ `struct eintrag` wurde um eine weitere Komponente ergänzt, und zwar um `struct eintrag *next;` d.h. ein Element vom Typ `struct eintrag` enthält nun seinerseits einen Zeiger auf ein weiteres Element diesen Typs. Man erhält eine sogenannte **Liste aus Elementen vom Typ** `struct eintrag`. Angenommen, wir haben nach obiger Definition folgendes Programmstück vor uns:

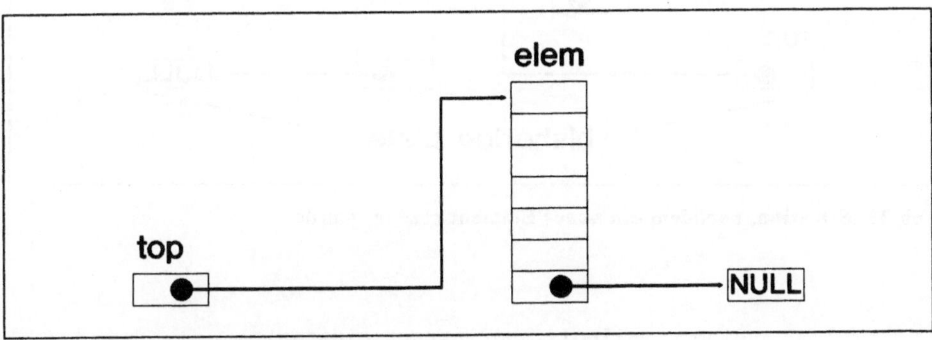

Abb.32 Erzeugen eines Elementes vom Typ struct eintrag

```
#include <stdio.h>
#include <alloc.h>

void main()
{
        struct eintrag *elem, *top;

        top = NULL; /*  top zeigt auf die Adr. NULL  */
        elem = malloc(sizeof(struct eintrag));

        printf("\t\t\t Nachname: ");
        scanf("%20s", elem->name);
```

```
              printf("\t\t\t Vorname: ");
              scanf("%12s", elem->vorname);

              ( . . . )

              elem->next = top;
              top = elem;

              ( . . . )
```

Will man ein weiteres Element in die Liste einfügen, schreibt man dieselbe Kommandofolge noch einmal:

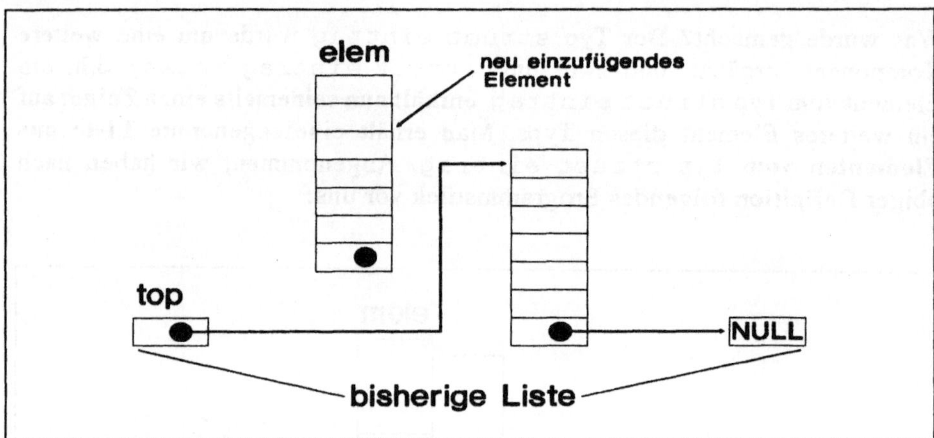

Abb.33 Situation, nachdem ein neues Element erzeugt wurde

```
              elem = malloc(sizeof(struct eintrag));

              /*   Hier wurde ein neues Element erzeugt.   */


              printf("\t\t\t Nachname: ");
              scanf("%20s", elem->name);

              printf("\t\t\t Vorname: ");
              scanf("%12s", elem->vorname);

              ( . . . )

              elem->next = top;
              top = elem;

              /*   Jetzt wurde das neue Element in die Liste einge-
                   fügt. */
```

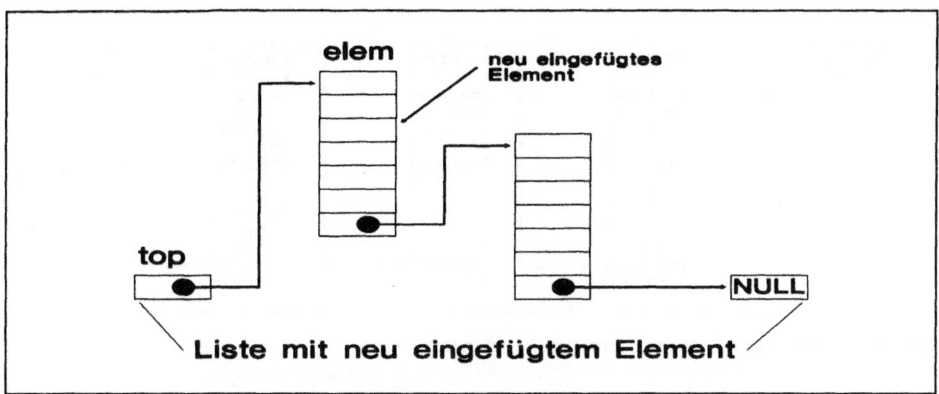

Abb.34 Situation, nach dem tatsächlichen Einfügen

Es hat sich beim Einfügen eines weiteren Elementes also nichts an der Formulierung geändert. Man kann das Füllen einer solchen Liste demnach sicherlich in einer Schleife realisieren:

```
do {
     elem = malloc(sizeof(struct eintrag));

     printf("\t\t\t Nachname: ");
     scanf("%20s", elem->name);

     printf("\t\t\t Vorname: ");
     scanf("%12s", elem->vorname);

     ( . . . )

     elem->next = top;
     top = elem;

     do {
          printf("\t\t Weiteres Element einfügen?");
          scanf("%c", &antwort);
     } while((antwort != 'n') && (antwort != 'N') &&
             (antwort != 'j') && (antwort != 'J'));

} while((antwort == 'j') || (antwort == 'J'));
```

Die Situation stellt sich nach einigen Durchläufen wie folgt dar:

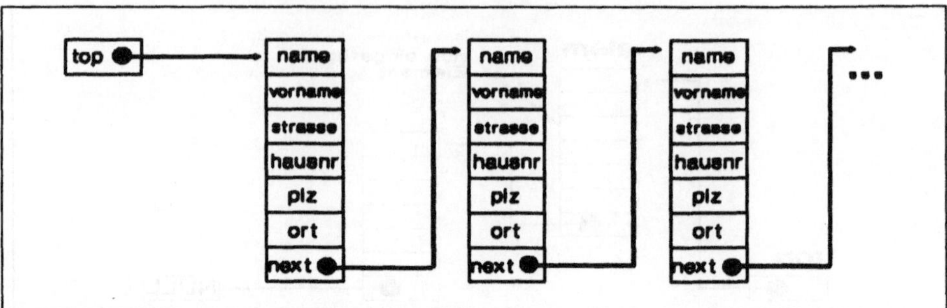

Abb.35 Eine lineare Liste mit einigen Elementen

 Eine lineare Liste besteht aus Strukturen, die Zeiger auf weitere Strukturen enthalten.

Um nun eine solche Liste, die nach obiger Methode aufgebaut wurde, zu durchsuchen, setzen wir einen Zeiger auf den Anfang der Liste.

```
elem = top;
```

Wichtig ist, daß der Zeiger `top` nicht verändert wird, weil sonst Elemente verloren gingen. Verschöbe man `top`, hätte man keine Möglichkeit mehr, auf vorhergehende Elemente zugreifen zu können.

 Das Progrmm einer linearen Liste muß immer einen Zeiger auf den Anfang (oder das Ende) der Liste enthalten.

Mit unserem zweiten Zeiger `elem` können wir dagegen wild durch die Liste springen. Um beispielsweise nach einem bestimmten Namen zu suchen, durchläuft man die Liste vom Kopf, bis man auf den Zeiger `NULL` trifft. Hat man bis dahin keinen Eintrag gefunden, existiert ein solcher auch nicht.
Um eine Zeichenkette mit einer anderen zu vergleichen, verwendet man am besten die Bibliotheksfunktion

```
int strcmp(<Zeichenkette1>, <Zeichenkette2>);
```

aus der Bibliothek string.h. Sie liefert -1, wenn *Zeichenkette*1 < *Zeichenkette*2, 1, wenn *Zeichenkette*1 > *Zeichenkette*2 und 0 sonst. Die Vergleichsoperatoren < und > beziehen sich auf die alphabetische Reihenfolge der Zeichen, wobei Groß- vor Kleinbuchstaben stehen. Ein einfacher Suchalgorithmus sähe so aus:

```
( . . . )

char n[20];

( . . . )

printf("\n\t Bitte zu suchenden Namen eingeben: );
scanf("%s", n);

elem = top;
while(elem != NULL)
{
     if(strcmp(n, elem->name) == 0)
     {
          printf("\n\t Gefunden:\t %s, %s\n",
                    elem->name, elem->vorname);
          printf("\t\t %s %d\n", elem->strasse,
                                      elem->hausnr);
          printf("\t\t%d %s\n\n", elem->plz, elem->ort);
     }
     elem = elem->next; /*   Weiterschieben auf das
                             nächste Element   */

}    /*  Ende von while(elem ... )   */
```

Wir können also bereits Einfügen und Suchen in einer Liste. Es fehlt noch das Löschen eines Elementes. Stellen Sie die Situation in Abb.36 vor, in der das Element elem aus der Liste entfernt werden soll. Sie sehen, daß wir zwar das Element elem löschen wollen. Wir benötigen jedoch auch den Vorgänger, weil ja dessen Zeiger umgebogen werden soll.

Beispiel:

```
( . . . )

struct eintrag *del, *elem;

( . . . )

printf("\t Bitte zu loeschenden Namen eingeben: ");
scanf("%20s", suchname);

del = top;
elem = top;      /*   Die Zwischenvariable elem wird
                      benoetigt, weil top nicht veraendert
                      werden darf. Es muss immer auf den
                      Kopf der Liste zeigen.   */
```

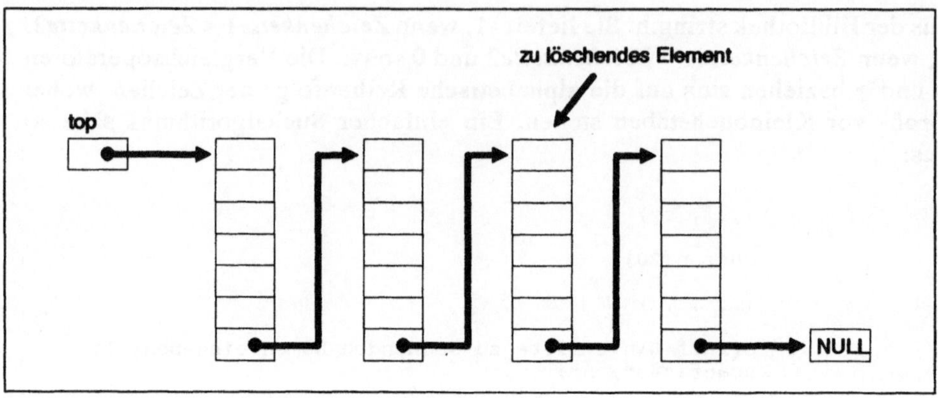

Abb.36 Situation vor dem Löschen aus einer linearen Liste

```
while(elem != NULL)
{
        if(strcmp(elem->next->name, suchname) == 0)
                /* Gesucht wird also der Vorg. von elem */
        {
                del = elem->next;   /* del zeigt auf den
                                       Vorgaenger des zu loe-
                                       schenden Elementes.
                                       Geloescht werden soll
                                       also elem->next   */
```

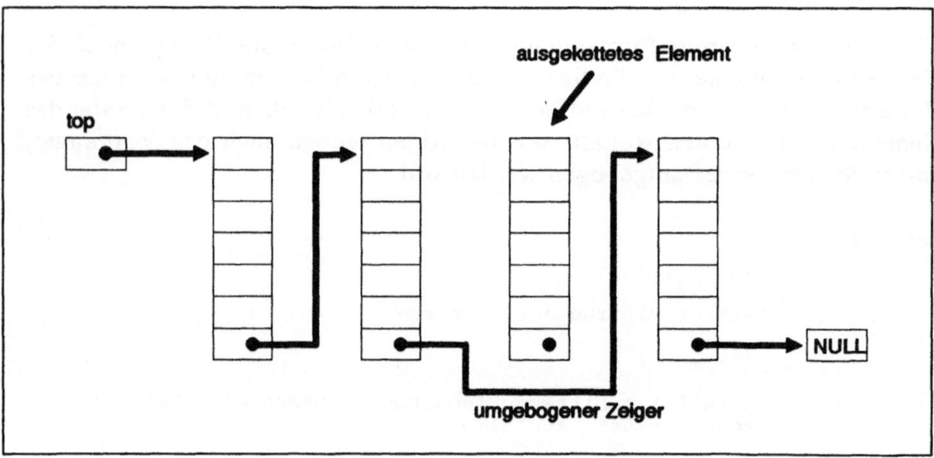

Abb.37 Situation nach dem Ausketten aber vor dem Löschen

```
                elem->next = del->next;
                      /*   Retten des Nachfolgers von del, weil
                           del  geloescht wird  */

                free(del);
                      /*  Und freigeben des Speicherplatzes */

                i++;
        }
        elem = elem->next;
              /*   noch nicht am Ende, also eine
                   Position weiterschieben.   */
    }

    ( . . . . )
```

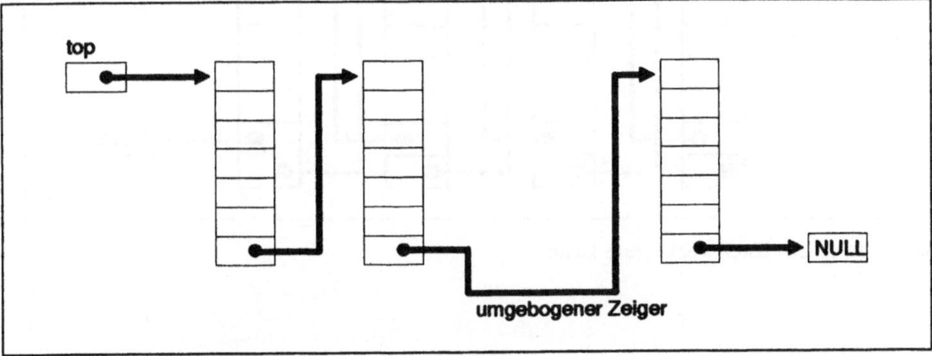

Abb.38 Situation, nach dem tatsächlichen Löschen

Das Freigeben des Speicherplatzes mit `free(del);` ist guter Programmierstil. Ließe man es weg, würde das Programm zu Beginn auch laufen. Da der reservierte Speicher jedoch nicht wieder zur allgemeinen Verwendung freigegeben wird, ist er natürlich viel eher voll. Und anfangen kann man mit diesen Elementen sowieso nichts, weil sie nach dem Ausketten nicht mehr angesprochen werden können.

 Nach dem Ausketten aus einer Liste die Rückgabe des Speicherplatzes durch free() nicht vergessen!

Der obige Algorithmus zum Löschen eines Elementes ist so noch nicht ganz vollständig. Es sind die Spezialfälle zu betrachten, daß die Liste völlig leer ist bzw. nur mit einem Element gefüllt ist. Darum wird es in der nachfolgenden Programmieraufgabe gehen.

Zuvor sei jedoch noch darauf hingewiesen, daß wir uns nur mit der denkbar einfachsten aller Datenstrukturen beschäftigt haben. Es sind andere Formen des Einfügens möglich und auch andere Formen der Liste. Unsere hat den Nachteil, daß sie nur in eine Richtung durchlaufen werden kann. Ergänzt man die Struktur noch um einen weiteren Eintrag, der auf den Vorgänger zeigt, kann man in beide Richtungen suchen. So etwas heißt dann zweifach verkettete Liste. Wie so etwas aussehen könnte sei nur kurz angedeutet.

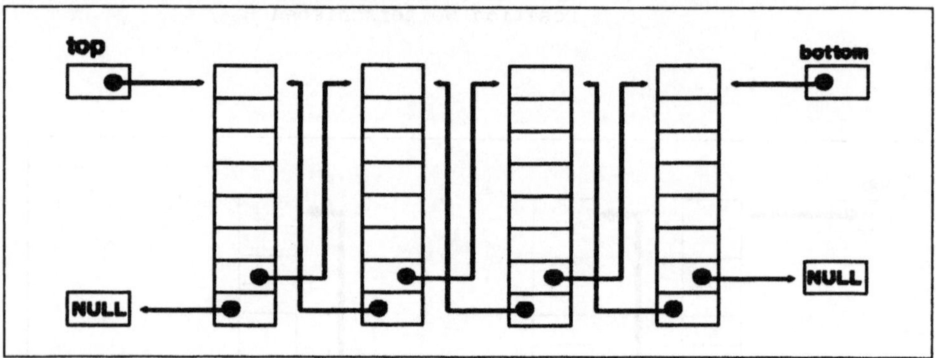

Abb.39 Eine zweifach verkettete Liste

```
struct   doppellist = {

             ( . . . ) /* beliebige Strukturelemente */

             struct doppellist *vor; /* Zeiger auf Vorgaenger */
             struct doppellist *nach; /* Zeiger auf Nachfolger */
             };

          ( . . . )
```

Die danach folgenden Datenstrukturen sind Bäume, die in vielen verschiedenen Variationen auftauchen können.

```
#define AST 10;          /* Baum darf max.10 Aeste haben */

( . . . )

struct baum = {
             ( . . .)            /* beliebige Strukturelemente */

             struct baum *ast[AST]; /* Zeiger auf Teilbaeume */
             };
```

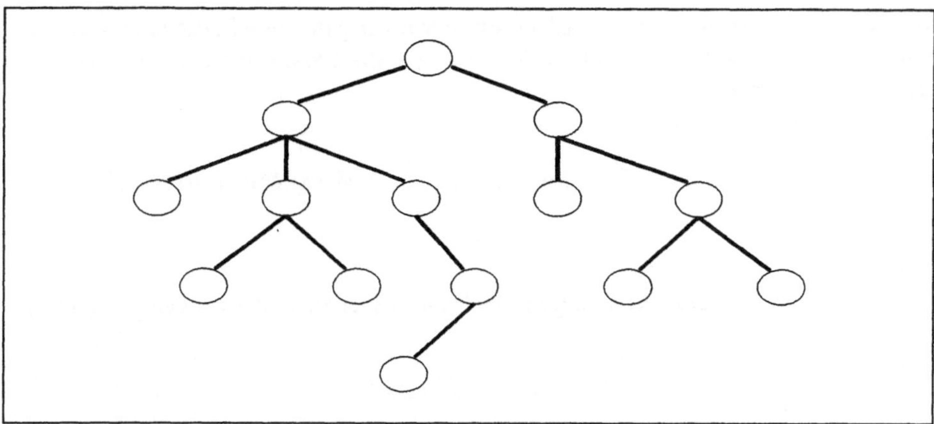

Abb.40 In der Informatik wachsen Bäume von oben

Aufgabe 34:

Auf den vorangegangenen Seiten wurden einige Algorithmen vorgestellt, welche die Bearbeitung einer Datenstruktur

```
struct eintrag{
                    char      name[20];
                    char      vorname[12];
                    char      strasse[20];
                    int       hausnr;
                    int       plz;
                    char      ort[20];
                    struct    eintrag    *next;
                    };
```

ermöglichen. Ihre Aufgabe besteht nun darin, mit Hilfe der verwendeten Algorithmen ein kleines Adressenverwaltungsprogramm zu schreiben. Das Programm soll drei Dinge können:

- Einträge hinzufügen

- Einträge löschen

- Einträge suchen

Die Daten sollen zu Programmbeginn vom externen Speicher - Festplatte oder Diskette - eingelesen und beim Programmende wieder dorthin geschrieben werden.

Als Zusatz können Sie aus der Adressenverwaltung durch Hinzufügen weiterer Felder eine richtige kleine Datenbank machen, die beispielsweise die Urlaubskartei einer Firma verwaltet.

?   *Die Lösung eines Problems ändert die Art desselben.*

?   *Garantieleistungen werden durch Zahlung der Rechnung ungültig.*

V Objektorientierte Programmierung

In den vorangegangenen Abschnitten haben Sie die Grundlagen der Programmiersprache 'C' kennengelernt. Sollte Ihnen das genügen, können Sie sich den folgenden Abschnitt schenken. Hier geht es nicht mehr um 'C' sondern um seinen "Nachfolger" 'C++'.
Zunächst ist es wichtig, daß Ihre Programm von nun an die Endung .CPP erhalten, weil TURBO C++ sonst nicht erkennt, daß es 'C++' Programmtext übersetzen soll. Sie können allerdings auch im Menüpunkt *"Optionen/Compiler"* die Option zum ständigen Gebrauch des 'C++'-Compilers setzen. Da der 'C++'-Compiler jedoch nicht so stark optimiert wie der normale 'C'-Compiler, ist letzterer für "reine" 'C'-Programme vorzuziehen.
Worin unterscheidet sich 'C++' von 'C' ? Alles, was es in 'C' gibt, existiert auch in 'C++'. Es handelt sich um einen "Aufsatz zu 'C'". Mit 'C++' wird objektorientiertes Programmieren möglich. Dadurch wird der Schwerpunkt der Programmierung weg von den Funktionen eines Programms auf die Objekte, also im wesentlichen auf die Datentypen eines Programms verlagert. Das heißt nun nicht, daß Funktionen unwichtig werden. Die müssen genau wie im "reinen" 'C' programmiert werden. Nun werden Sie jedoch als Hilfsmittel zur Manipulation von Objekten (Datentypen) betrachtet, während es in 'C' eher so ist, daß mit Hilfe von Datentypen Funktionen programmiert wurden. Man spricht deshalb auch bei 'C' von einer imperativen Programmiersprache, während 'C++' eben eine objektorientierte ist. Der Unterschied liegt zunächst also in der Anschauung. Daraus erwachsen jedoch eine Reihe von Konsequenzen und Möglichkeiten, von denen das **Klassenkonzept** das wohl wichtigste ist. Aus diesem Konzept geht die Möglichkeit des sog. "Information hidding" (dt. *"Informationen verstecken"*) und schließlich die Vererbung von Eigenschaften hervor. Was es im einzelnen damit auf sich hat, soll im folgenden skizziert werden.

 Bei 'C' stehen Funktionen im Vordergrund. Bei 'C++' sind es die Datentypen, zu deren Bearbeitung Funktionen bereitgestellt werden.

V.1 Von der Struktur zur Klasse

War 'C' bisher eine klassenlose Gesellschaft, so ändert sich dies ab jetzt. Grundzüge von Klassen haben Sie jedoch schon kennengelernt. Erinnern Sie sich an das Thema Strukturen. Dort wurde vom Programmierer ein eigener Datentyp geschaffen, in dem mehrere vordefinierte Typen zu einem neuen Typ zusammengefaßt wurden. In 'C++' ist es nun möglich, als Strukturmitglieder auch Funktionen zuzulassen. "Nichts neues" werden Profis sagen, denn auch in 'C' war eine Funktion, die letztlich nichts anderes als einen Zeiger darstellt, als Strukturmitglied zugelassen. Große Vorteile bringt dies in 'C' jedoch kaum, und so wird diese Möglichkeit erst jetzt erwähnt.
Eine Klasse ist nichts anderes als eine Struktur, bei der nicht alle Komponenten "von außen" sichtbar sind, d.h. es kann aus dem Programm nicht auf jedes Klassenmitglied zugegriffen werden. Bevor wir zu einem Beispiel kommen, sei der Sinn dieses sog. "Information hidding" kurz erläutert.
Wir wollen ein Feld von Variablen benutzen. Dieses Feld hat als untere Indexgrenze die Null und als obere eine Konstante, die durch

```
#define UPPER 1000
```

festgelegt wurde. Bisher definierte man z.B. ein Feld aus UPPER Elementen vom Typ float durch

```
float field[UPPER];
```

Nun mußte sich der Programmierer jedoch immer darum kümmern, daß weder die Untergrenze noch die Obergrenze während des Programmlaufs unter- bzw. überschritten wurden. Ein übersehener Zugriff auf das Element field[1000] hätte fatale Folgen. Es wäre also sinnvoll eine Funktion zu implementieren, die solche Fehler automatisch erkennt und darauf reagiert. Ebenso war es bisher nicht möglich ein ganzes Feld von Variablen an ein anderes zuzuweisen. Man mußte jedes einzelne Element umkopieren. All dies (und noch einiges mehr) wird jetzt bereits mit der Definition einer Klasse erledigt. Diese Funktionen zur Indexkontrolle und zum Umkopieren werden also nur intern, d.h. innerhalb der Klasse benötigt. Außerhalb braucht also nicht auf sie zugegriffen zu werden zu können. Machen Sie jedoch bitte niemals den weitverbreiteten Denkfehler, daß Ihnen durch objektorientierte Programmierung schon zu Beginn sehr viel Arbeit erspart bliebe. Programmieren müssen Sie alle erwähnten Funktionen immer noch selbst. Allerdings wird hoffentlich schon ein wenig deutlich, daß sich in Klassen die Funktionen den Datentypen unterordnen.

Nun jedoch zum Beispiel:

```
#include      <stdlib.h>
// ...

#define UPPER 1000
const unsigned int DefaultSize 100;

class FloatArray
{
        // Operationen auf unserem Feld aus Gleitkommazahlen
public:  // oeffentlicher Teil

        // 1. Konstruktor
FloatArray(unsigned int groesse = DEFAULTSIZE);
// voreingestellt sind 100 Elemente

FloatArray(const FloatArray&); // 2. Konstruktor

~FloatArray() { delete flarray; } // Destructor, bei
        // dem die Definition innerhalb des class-body
        // stattfindet.
FloatArray& operator=(const FloatArray&);
        // Overloading des = Operators

float& operator[] (unsigned int);
        // Overloading des [] Operators

unsigned int GetSize() { return arraysize; }
        // Funktion, die die Groesse des Feldes berechnet.

protected:   // privater Teil; auf diese Daten kann nur
        // innerhalb der Klasse zugegriffen werden.

        unsigned int arraysize;
        float *flarray;      // Hier die Deklaration des
                             // eigentlichen Feldes

        void IndexCheck(unsigned int);
        // Funktion zur Indexpruefung
};

void main()
{
        class FloatArray f, g(UPPER);

        /* . . . */

}
```

Sie sehen, das ganze wird sehr komplex. Gehen wir langsam vor und beginnen mit dem Einfachsten. In TURBO C++ können Kommentare durch zwei Slashes (//) eingeleitet werden. Sie reichen bis zum Zeilenende, benötigen also kein

Gegenstück. Noch vor dem ersten Kommentar taucht der neue "Typ" `const unsigned int`. Dadurch wird es möglich, genau wie in PASCAL, Konstanten zu definieren, die während eines Programmablaufs nicht verändert werden dürfen. Im Unterschied zur #define-Anweisung findet hierbei jedoch nicht nur eine Textersetzung statt. Die Konstante wird hier benötigt, um einen Standardwert für die Feldgröße einzustellen. Als nächstes ist das Schlüsselwort `class` neu. Wie nicht anders zu erwarten, leitet es völlig analog zu struct eine Klasse ein. Sie reicht von der öffnenden bis zur schließenden geschweiften Klammer. Die nächsten neuen Schlüsselworte lauten `public` und `protected`. Man kann sie als Label verstehen. Alle Deklarationen hinter `public:` sind öffentlich, d.h. auf sie kann von außen, also direkt aus dem Programm zugegriffen werden. Im Gegensatz dazu kann auf die beiden Variablen `arraysize` und `flarray` nur innerhalb der Klasse zugegriffen werden, weil sie durch `protected:` markiert werden.
Die erste Funktion innerhalb von `class flarray` lautet

```
FloatArray(unsigned int groesse = DefaultSize);
```

Der Kommentar deutet schon an, daß es sich hierbei um einen sog. **Konstruktor** handelt. Dies bedeutet, daß bei einer "normalen" Definition einer Variablen vom Typ `class FloatArray` diese Funktion aufgerufen wird. Die eigentliche Definition der Funktion erfolgt später. Neu ist in diesem Zusammenhang die Möglichkeit, einen Standardwert anzugeben, hier `DefaultSize`. Wird bei einer Definition einer Variablen vom Typ `class FloatArray` keine Indexgrenze angegeben, so werden standardmäßig 100 Elemente erzeugt, wie das z.B. bei `class FloatArray f;` der Fall ist. f ist ein Feld aus 100 Elementen. Demgegenüber wurde bei der Variablen g eine Indexgrenze angegeben, so daß hier 1000 Elemente zur Verfügung stehen werden. Wie gesagt, die Implementierung der Funktion muß noch erfolgen. Beachten Sie bitte, daß im Unterschied zu Feldern, wie sie bisher definiert wurden, eine Indexgrenze in runden Klammern angegeben werden muß. Die Angabe dieser Klammern zeigen dem Compiler an, daß er den oben erwähnten Konstruktor aufrufen muß.

 Bei Klassen spricht man nach der Definition von Variablen dieses Typs von **Instanzen**, und die Definition heißt **Inkarnation einer Klasse**.

Die zweite Funktion, `FloatArray(const FloatArray &);`, ist ebenfalls eine Art Konstruktor. Er wird verwendet, wenn eine Inkarnation folgender Form erfolgt:

```
class FloatArray nocheins = f;
```

Hier werden den Elementen der Variablen `nocheins` bereits bei der Definition Werte zugewiesen, so wie das bei vordefinierten Typen beispielsweise
durch

```
int a  =  25;
int c  =  a;
```

möglich war.

Das Zeichen & ist zwar bereits bekannt, hat hier jedoch eine andere Bedeutung,
nämlich die des **Referenz-Operators**. Bei der Wertübergabe an Funktionen
konnte man die Variablen, mit denen eine Funktion aufgerufen wurde, bisher
nur über Zeiger verändern. In 'C++' ist es möglich, durch den Referenz-Ope-
rator einen direkten Zusammenhang herzustellen. Alles, was mit dem Parameter in einer Funktion passiert, hat Auswirkungen auf das Aufrufargument. Eine
solche Referenz ist nur ein anderer Name für ein Objekt, das heißt eine
Variable.

 Für Referenz-Variablen wird kein neuer Speicherplatz angelegt. Sie
sind lediglich ein anderer Name für eine schon existierende Variable.

Nach den beiden Konstruktoren folgt das Gegenstück, der **Destruktor**. Dies
wird immer angedeutet durch die Tilde (~) gefolgt vom Klassennamen, hier
also `~FloatArray()`. Diese Funktion wird aufgerufen, sobald eine Variable (oder besser eine Instanz) vom Typ `class FloatArray` seine Gültig-
keit verliert, in der Regel also, nachdem eine Funktion verlassen wurde, oder
nach einem expliziten Aufruf der neuen 'C++'-Funktion

```
delete <Zeigervariable>;
```

sie ist das Gegenstück zur ebenfalls neuen Funktion

```
void *new <Typ>;
```

Beide unterscheiden sich von anderen Funktionen dadurch, daß sie Schlüsselwörter in 'C++' sind, also nicht über eine Bibliothek eingebunden werden

müssen. Sie benötigen deshalb auch keine Runden Klammern um ihre Argumente. delete() löscht Objekte während new() neue Objekte schafft. Sie sind zu vergleichen mit malloc() und free(), benötigen jedoch keinerlei Informationen über die Objektgröße. Als Beispiel folgt weiter unten die Implementierung der Konstruktoren, wo new() verwendet wird.

Konstruktoren sind Funktionen, die bei der Schaffung eines neuen Klassenelements automatisch aufgerufen werden.
Destruktoren werden beim Löschen eines Klassentyps automatisch aufgerufen.

Ein Unterschied der Destruktor-Funktion gegenüber den bisherigen beiden wurde noch nicht erwähnt. Es handelt sich hierbei um eine **inline-Funktion**, weil der Programmcode der Funktion bereits **innerhalb der Klassendeklaration** steht. Der Text für die beiden Konstruktoren wird an späterer Stelle folgen. Der Destruktor wird sofort definiert. Dies kann mit jeder Funktion einer Klasse gemacht werden. Inline-Funktionen werden ähnlich wie Makros bearbeitet, d.h. es wird bei jeder Instanz vom Typ class FloatArray der Funktionsrumpf eingesetzt und so Verwaltungsaufwand, und damit Laufzeit, für einen "normalen" Funktionsaufruf eingespart. Bei umfangreicheren inline-Funktionen wird so die Programmgröße natürlich enorm aufgebläht.

Der Programmtext von inline-Funktionen wird wie bei Macros innerhalb einer Klasendefinition ersetzt, während bei normalen Funktionen zum entsprechenden Programmstück verzweigt wird.

An der nun folgeneden Funktion ist zunächst nichts außergewöhnliches Festzustellen. Doch auch hier trifft man wieder auf ein neues 'C++'-Konstrukt:

```
FloatArray& operator= (const FloatArray &);
```

Das Zeichen & deutet wiederum eine Referenz an. operator= ist nun jedoch keinesfalls der Name der Funktion, sondern die Kombination des neuen Schlüsselwortes operator und des Gleichheitszeichens, das hier eine neue "Verhaltensweise" bekommen soll. Aus Mangel an einer sinnvollen deutschen Übersetzung wollen wir den nun zu beschreibenden Vorgang jedoch lieber mit dem englischen Fachbegriff **Overloading** bezeichnen. Das Gleichheitszeichen soll "überladen" werden. Das heiß, es soll in Verbindung mit unserer Klasse

eine (neue) Bedeutung bekommen. Beachten Sie hierbei, daß es bei Feldern,
wie wir sie bisher behandelten, eine Zuweisung der Form

```
feld1  =  feld2;
```

unzulässig war. In der Klasse kann nun jedem vordefinierten Operator eine
neue Bedeutung gegeben werden. Hier wird später innerhalb der Funktionsdefinition die Möglichkeit gegeben, ganze Felder einander zuzuweisen. Genauso
wäre es möglich, durch Overloading von +, -, *, / oder % auf ganzen Feldern
Additionen, Subtraktionen, etc. durchzuführen, wenn man dies für sinnvoll
hielte.

 Durch Overloading können vordefinierte Operationen auch auf Klas-
sen angewendet werden.

In der nächsten Funktion werden dann die eckigen Klammern "überladen".
Auch sie werden als Operation betrachtet, weil sie nämlich ein bestimmtes
Element indizieren.

```
float& operator[] (unsigned int);
```

Als Typ der Funktion ist float angegeben, weil durch sie Zuweiungen der Form

```
f[10]  =  3.14;
```

möglich werden. Der Funktionstyp ist also immer derjenige, der auch auf der
rechten Seite des gerade bearbeiteten Operators steht, hier ein float. Der Typ
des Funktionsparameters, hier unsigned int, ist der vom Operator bearbeitete,
hier der Index des Feldelementes.
Die letzte "öffentliche" Funktion ist nun eine ganz normale:

```
unsigned int GetSize();
```

Sie gibt die Größe, d.h. die obere Indexgrenze, der Klasse zurück. Es handelt
sich wiederum um eine inline-Funktion, weil der Rumpf innerhalb der Klasse
definiert wird.
Nun zum Teil, der mit protected: eingeleitet wird und somit von außen
nicht zugänglich ist, d.h. alle Variablen und Funktionen, die nun folgen,
können nur von Funktionen innerhalb der Klasse, den sog. **member-functions**, manipuliert werden. Zunächst sind da zwei Variablendeklarationen:

```
unsigned int  arraysize;
float *flarray;
```

 member-functions sind Funktionen, die zu einer Klasse gehören.

Erstere wird beispielsweise von beiden Konstruktoren verwendet werden, um die Feldgröße zu speichern. Die zweite Variable ist schließlich das eigentliche Feld. Wieso ist dies nicht von außen zugänglich?! Die interne Darstellung des Feldes ist uninteressant, wichtig sind die Operationen auf ihm, und die wurden ja im "öffentlichen Teil" deklariert. Es wäre geradezu unsinnig, wenn es dem Programmierer möglich wäre, auf eine andere Weise als durch die member-functions auf Feldelemente zuzugreifen. Durch das Klassenkonzept sollen ja gerade die Operationen leicht durchschaubar gehalten werden. Als letztes folgt die Funktion, durch die die gesamte Klasse motiviert wurde.

```
void IndexCheck(unsigned int);
```

Hier wird überprüft, ob der Index einer Variablen gültig ist. Auch sie braucht nicht von außen zugänglich zu sein, weil sie nur von Funktionen innerhalb der Klasse gebraucht wird, also beispielsweise wieder von den Konstruktoren. Die Klasse wurde deklariert. Es fehlt die Implementierung (die Definition) der Funktionen, durch die das Ganze hoffentlich etwas klarer wird.
Wo die Funktionen definiert werden, ist im Prinzip gleichgültig. Bei größeren Programmen ist es oft üblich, für die Deklarationen und die Definitionen separate Dateien anzulegen und diese dann durch eine #include-Anweisung in das eigentliche Programm einzubinden. Im Beispiel werden die Funktionen hinter dem Hauptprogramm definiert.

```
FloatArray::FloatArray(unsigned int groesse)
{
        //    1. protected-Variable arraysize initialisieren.
        arraysize  =  groesse;

        //    2. Speicherplatz fuer ein Feld der angegebenen
        //       Groesse reservieren und einen Zeiger darauf
        //       setzen.
        flarray  =  new float[groesse];

        //    3. Zusaetzlich werden noch alle Elemente auf den
        //       Wert 0 gesetzt.
        for(int i = 0; i < groesse; flarray[i++] = 0)  ;

}       //    Ende von FloatArray::FloatArray(...)
```

Dies ist der erste Konstruktor. Er wird aufgerufen, sobald eine Instanz vom
Typ FloatArray erzeugt wird. Der Name der Funktion verdient bereits
Beachtung. Er besteht aus dem zweifachen Klassennamen getrennt durch zwei
Doppelpunkte : : . Diese Doppelpunkte nennt man **scope-Operator**. Auch
hierfür gibt es keine sinnvole deutsche Übersetzung, weshalb der Begriff
weiterhin verwendet wird.

Es fällt auf, daß die Variable arraysize überhaupt nicht definiert wurde.
Sie muß es auch nicht, denn sie ist Mitglied der Klasse und kann so von jeder
member-function direkt angesprochen werden. new() ist die schon weiter
vorne erwähnte neue 'C++'-Funktion zur Reservierung von Speicherplatz. Sie
liefert, analog zu malloc(), einen Zeiger auf den reservierten Speicherbereich
bzw. NULL, bei einem Fehler. Beachten Sie daß auch flarray zur Klasse
gehört und deshalb nicht definiert werden muß.

Schließlich wird das Feld noch in einen vorbesetzten Zustand gebracht. Bei
den bisherigen Typen konnte man nach einer Definition keine Aussage über
den Inhalt der Elemente machen, bei der Klasse sorgt der Programmierer dafür,
daß alle Elemente auf Null - oder einen anderen Wert - gesetzt werden. Zu
beachten ist dabei die Konstruktion for (int i = 0; ... . In TURBO C++
ist es möglich, Variablen zu Beginn einer Schleifenkonstruktion zu definieren.
Es geht sogar noch weiter. Man kann in jedem Block neue Variablen definieren, die auch nur innerhalb des Blockes gültig sind und nach dem Verlassen
des Blockes automatisch freigegeben werden. Die Variable i ist demnach nur
innerhalb der for-Schleife bekannt.

Der zweite Konstruktor ist ähnlich aufgebaut. Beachten sie, daß er für Inkar-
nationen der Form

```
        class FloatArray nocheins  = f;
```

gedacht ist. Es wird die Klasse f an die Klasse nocheins zugewiesen. Dabei
sollen alle Komponenten von f in die Komponenten von nocheins kopiert
werden.

```
FloatArray::FloatArray(const FloatArray &otherarray)
{
        //   1. Kopieren der Feldgroesse
        arraysize = otherarray.arraysize;

        //   2. Reservieren des Speicherplatzes
        flarray = new float[arraysize];

        //   3. Und das eigentliche Kopieren der Elemente
        for(int i = 0; i < arraysize; i++)
            flarray[i] = otherarray.flarray[i];
}
```

Der Funktionsname ist derselbe. Das Programm erkennt lediglich an den
übergebenen Typen, welcher Konstruktor aufgerufen wird. Hier ist das Argument eine andere Instanz vom Typ class FloatArray. Die Komponente
arraysize wird kopiert, ebenso die einzelnen Feldelemente.
Als nächstes wird die Verwendung des Gleichheitszeichens zwischen zwei
Klasseninstanzen definiert. Es wird dem Programm gesagt, welche Funktion
aufzurufen ist bei Konstruktionen der Form

```
f = g;
```

wobei sowohl f als auch g Instanzen unserer Klasse sind. Zu beachten ist, daß
f ung g natürlich verschieden umfangreich sein können, so daß f an g zunächst
in der Größe, d.h. in der Anzahl der aufzunehmenden Elemente, angepaßt
werden muß.

```
FloatArray &FloatArray::operator=(const FloatArray &otherarray)
{
        delete flarray;       // Momentanen Speicher freigeben

        arraysize = otherarray.arraysize;
        flarray = new float[arraysize];    // Neuen Speicher
                                           // belegen
        for(int i = 0; i < arraysize; i++)     // Kopieren
            flarray[i] = otherarray.flarray[i];

        return(*this);
}
```

Zunächst wird das gesamte Feld auf der linken Seite des Gleichheitszeichens
gelöscht. Danach wird Speicher in der Größe des Feldes auf der rechten Seite
reserviert und die Elemente einzeln herüberkopiert. Man sieht, das Feld auf
der linken Seite wird grundsätzlich auch an die Größe des anderen Feldes
angepaßt. Dies kann bei manchen Programmen nicht erwünscht sein und
natürlich verändert werden.
Durch

```
return(*this);
```

wird ein Zeiger auf die Klasse selbst zurückgeliefert. this ist ein Schlüsselwort, denn jede member-function enthält automatisch einen Zeiger diesen
Namens. Der Programmierer braucht keinerlei Verwaltungsaufwand zu betrei-
ben, da er so immer die Adresse der gerade aktuellen Klasse griffbereit hat.

 this ist ein Zeiger auf das Objekt (die Klasse), für das die member-
function aufgerufen wurde.

Nun wird die Bedeutung der eckigen Klammern definiert:

```
float &FloatArray::operator[] (unsigned int index)
{
        // Wurde gueltiger Index uebergeben ?
        IndexCheck(index);

        return(flarray[index]);
}
```

Hier wird gleichzeitig überprüft, ob bei einer Zuweisung der Form

```
f[101]  =  999;
```

101 ein gültiger Feldindex ist. Bei normalen 'C'-Programmen mußte immer
eine Prüffunktion explizit aufgerufen werden oder das Programm stürzte
einfach ab. Hier braucht sich der Programmierer um solche Fehlerquellen nicht
mehr zu kümmern.
Bleibt zum Schluß noch die eigentliche Prüffunktion zu definieren. Hier ist
ein einfacher Vorschlag, der den Nachteil hat, daß das Programm nach einem
Indexfehler aussteigt. Über gewisse Programmlabels sollte es jedoch keine
Schwierigkeiten bereiten, daß Programm nach einem Fehler zu bestimmten
Stellen im Programm springen zu lassen. Dazu können (ausnahmsweise) go-
to-Anweisungen verwendet werden.

```
void FloatArray::IndexCheck(unsigned int index2check)
{
        if ((index2check < 0) || (index2check >= arraysize))
        {
            cerr << "\n\tFEHLER: Feldelement wurde falsch
                                          indiziert!"
            cerr << "\n\tzulaessige Obergrenze: " <<
                arraysize << " Index: " << index2check << " \n";
        }
        exit(2);
}
```

Diese Funktion gibt nur eine Fehlermeldung aus und beendet das Programm.
Neu ist hierbei die Ausgabefunktion **cerr**. Sie gehört in eine Reihe mit **cout**
und **cin**, die, ähnlich wie printf() bzw. scanf() einen Text auf den Bildschirm
schreiben oder von der Tastatur lesen. Hier muß sich der Programmierer
jedoch keine Gedanken über Ausgabeformate machen. Es wird standardmäßig
dezimal ausgegeben. cerr unterscheidet sich dadurch von cout, daß auf die
Standardfehlerausgabe geschrieben wird. Sie haben unter den Betriebssyste-
men MS-DOS und OS/2 die Möglichkeit, die Ausgabe vom Bildschirm in eine
Datei umzuleiten, indem Sie hinter den Programmaufruf ein Größerzeichen
gefolgt von einem Dateinamen schreiben. Alle Bildschirmausgaben des Pro-

gramms erfolgen nun in diese Datei. Tatsächlich haben Sie jedoch nur die sog. Standardausgabe umgeleitet, also alles was beispielsweise von printf() (und auch von cout) geschrieben wird. Die Standardfehlerausgabe verbleibt auf dem Bildschirm, so daß Sie dennoch im Fehlerfall sofort auf dem Schirm Nachricht erhalten.

 **cin** und **cout** sind die Standardein- bzw. ausgabefunktionen unter **TURBO C++**. Sie benötigen keine Formatsteuerzeichen.

Um das obige Programm zu testen, fehlt ein Hauptprogramm. Ein ganz spartanisches sieht z.B. so aus:

```
void main()
{
        class FloatArray  f;

        f[101]  =  1000.1;
        printf("\n\t f[101] = %f\n");

}        /*   Ende von void main()   */
```

Aufgabe 35:

Warum wird die printf()-Anweisung im obigen Hauptprogramm niemals ausgeführt?

Aufgabe 36:

Ergänzen Sie die Klasse class FloatArray um eine member-function, die das Feld aus Gleitkommazahlen aufsteigend sortiert hält. Ist es sinnvoll, diese Funktion im protected-Bereich zu deklarieren?

? Die Wahrscheinlichkeit, daß ein Programm die gestellten Anforderungen erfüllt ist umgekehrt proportional dem Vetrauen des Programmieres in seine eigenen Fähigkeiten.

V.2 Größere Klassen

Weil das Klassenkonzept für TURBO C++ enorm wichtig ist, folgt an dieser Stelle noch ein Beispiel. Als Motivation möge folgendes dienen: Grundsätzlich kann man in TURBO-C++ zwei Arten von Datentypen unterscheiden, die ganzzahligen (char , short, int und long) und die Gleitkommatypen (float und double). Die ganzzahlige Rechnung ist exakt, bei der Rechnung mit Kommazahlen müssen jedoch Rundungsfehler in Kauf genommen werden. Eine Zahl, wie z.B. $\frac{1}{3}$ kann vom Rechner nicht exakt dargestellt werden, weil ihm nur eine gewisse Anzahl von Bits zur Verfügung stehen. Was spricht jedoch dagegen, eine Klasse zu definieren, die genau solche Bruchzahlen (man nennt sie auch rationale Zahlen) behandelt. Hier kommt das Klassenkonzept wieder voll zum Tragen. Durch Overloading können eigene Funktionen für die Grundrechenarten geschrieben werden und man kann später mit Instanzen dieser Klasse genauso rechnen wie mit vordefinierten Typen.

```
typedef int basetype;

class rational
{
        //   Hier die "Zahlenwerte" der internen Repraesentation
        basetype intteil, nenner, zaehler;

        //   Wird benötigt für die Form der Darstellung
        static int format;

        void Normiere(void);
        //   normiere() wird zur Initialisierung und nach jeder
        //   Rechenoperation aufgerufen, um einen konsistenten
        //   internen Zustand herzustellen, z.B.wird so aus
        //   7/3 durch Normiere() 2 1 / 3 usw.

    public:
        //   ab hier wieder der "oeffentliche" Teil, also alles,
        //   was von der Klasse auch außerhalb nutzbar ist:
```

```cpp
//    Zuerst kommen die Konstruktoren; es sind derer
//    vier, die insgesamt mit 0-4 basetype-Argumenten
//    aufgerufen werden können und zusätzlich ein so-
//    genannter copy-constructor, der als Argument
//    wiederum ein Element des Typs rational verwendet.
rational(basetype i = 0)       // inline-function
{
    //    Dieser Konstruktor kann entweder mit keinem
    //    oder mit einem Argument aufgerufen werden.
    //    Im ersten Fall wird der hier vorgegebene
    //    Wert(0) verwendet.
    intteil  =  i;
    nenner   =  1;
    zaehler  =  0;
    Normiere();     // Aufruf der member-function
}


rational(basetype z, basetype n)
{
    intteil  =  0;
    nenner   =  n;
    zaehler  =  z;
    Normiere();
}

rational(basetype i, basetype z, basetype n)
{
    intteil  =  i;
    nenner   =  n;
    zaehler  =  z;
    Normiere();
}

rational(rational &r)
{
    intteil  =  r.intteil;
    nenner   =  r.nenner;
    zaehler  =  r.zaehler;
    Normiere();
}


//    Jetzt kommt die Gruppe der mathematischen
//    Operatoren: (Overloading)
//    Den Operatoren ist wie jeder anderen Mitglieds-
//    funktion einer Klasse ein Objekt dieser Klasse
//    direkt zugeordnet. Das ist der links des Operators
//    stehende Operand. Der rechts stehende Operand
//    wird in allen Operatorfunktionen als Argument
//    uebergeben. Wie man sehen kann, sind in dieser
//    Version der Klasse lediglich Beziehungen zwischen
//    rationalen Zahlen unter sich codiert, es ist
//    natuerlich auch moeglich, Operatoren zwischen
//    rationalen Zahlen und anderen "eingebauten"
//    Typen zu definieren.
rational operator = (rational & r);
rational operator + (rational & r);   // Addition
rational operator - (rational & r);   // Subratktion
rational operator * (rational & r);   // Multiplikation
rational operator / (rational & r);   // Division
```

```
//    Die folgenden Operatoren sind für die Ein- und
//    Ausgabe da; diese Funktionen muessen als friend-
//    Funktionen codiert sein, weil in diesem Fall das
//    "rechte Argument" des Operators << bzw.>> ein
//    Stream und nicht etwa eine rationale Zahl ist.
//    Damit man aber nun trotzdem einen Zugriff auf die
//    internen Komponenten der rationalen Zahlen hat,
//    müssen per friend-Modifizierer diese "Innereien"
//    zur Verfügung gestellt werden:
friend ostream & operator << (ostream & s,rational & r);
friend istream & operator >> (istream & s,rational & r);

//    Set_format bestimmt das Ausgabe-Format.
void Set_format(int f)
{
      format = f;
}
};    /*  Ende der Deklaration  */
```

Wie man sieht, werden Klassendeklarationen sehr schnell wesentlich umfangreicher als alle bisher kennengelernten Strukturen. Aus diesem Grund werden sie häufig in separate Dateien geschrieben, die dann später mit

```
#include <Dateiname>
```

eingebunden werden.

Neues enthält die obige Klasse im Prinzip nicht, außer daß sie nun praxisnäher und damit wesentlch umfangreicher ist. Es werden eine ganze Reihe von Konstruktoren benutzt und alle Grundrechenarten "überladen". Ganz neu sind außerdem die beiden Zeilen

```
friend ostream & operator << (ostream & s,rational & r);
friend istream & operator >> (istream & s,rational & r);
```

am Ende der Deklaration. Hier werden die Operatoren << und >> für die Ausgabe unserer Bruchzahlen definiert. Angenommen, man definiert eine Instanz durch

```
class rational bruch1, bruch2;
```

dann kann man mit cin bzw. cout genau wie bei vordefinierten Datentypen Werte einlesen und ausgeben, z.B.

```
cout << "Geben Sie bitte zwei Bruchzahlen ein!\n"
cout << "\t1.Zahl: ";    cin >> bruch1;
cout << "\t2.Zahl: ";    cin >> bruch2;
```

Das Schlüsselwort **friend** muß noch erklärt werden. Die beiden Operatoren < <
bzw. > > verlangen auf ihrer rechten Seite einen Stream (dt. *"Strom"*) , das ist
ein spezieller Typ für die Ausgabe, die der Compiler intern realisiert. Diese
Streams sind in der Bibliothek stream.h bzw. iostream.h als Klassen definiert.
Gleichzeitig benötigen die beiden Funktionen jedoch Zugriff auf die Interna
unserer Bruchzahlenklasse. Der Konflikt ist da. Eine Funktion will auf zwei
nicht-öffentliche Klassenbereiche zugreifen. Hier hilft friend. Durch dieses
Schlüsselwort kann eine Funktion auf innere Bereiche der "befreundeten"
Klasse zugreifen. Solche friend-Funktionen sind keine Klassenmitglieder,
auch wenn sie innerhalb einer Klasse deklariert werden. Sie sind in jedem Fall
öffentlich.
An dieser Stelle sei auf die dem Buch beiliegende Diskette verwiesen. Dort
befindet sich neben der Implementierung der obigen Funktionen auch ein
Testprogramm, das Ihnen einen Eindruck von der Klasse verschaffen soll.
Durch die umfangreichen Kommentare sollte es keine Schwierigkeiten bereiten, eigene Erweiterungen vorzunehmen.
Kommen wir nun zu einem weiteren sehr oft genannten Stichwort im Zusammenhang mit objektorientierter Programmierung.

> **?** *Die Komplexität eines Programmes wächst solange, bis sie die
> Fähigkeiten des Programmierers übersteigt, der es unterhalten muß.*

V.3 Vererbung

Bevor die speziellen Konstruktionen zur Vererbung in TURBO C++ erläutert
werden, erfolgt ein kurzer Einstieg in die elementaren Grundlagen. Deshalb
zunächst eine kurze Begriffsklärung:
Im allgemeinen überträgt ein Erbgeber einem Erbnehmer ein bestimmtes Gut,
im realen Leben meist Geld oder Land. Innerhalb von Programmiersprachen
werden jedoch Fähigkeiten oder Eigenschaften vererbt. Wenn wir uns vorstellen, daß auch Fahrzeuge ihre Fähigkeiten vererben könnten und damit Töchter
und Söhne, womit hier speziellere Fahrzeuge gemeint sind, ausstatten, kann
man dies wie in Abb.41 grafisch andeuten.
Eine Fähigkeit eines allgemeinen Fahrzeuges ist also z.B. "Beschleunigen",
eine Eigenschaft sein Gewicht. Ein Landfahrzeug ist nun ein "Erbe" des

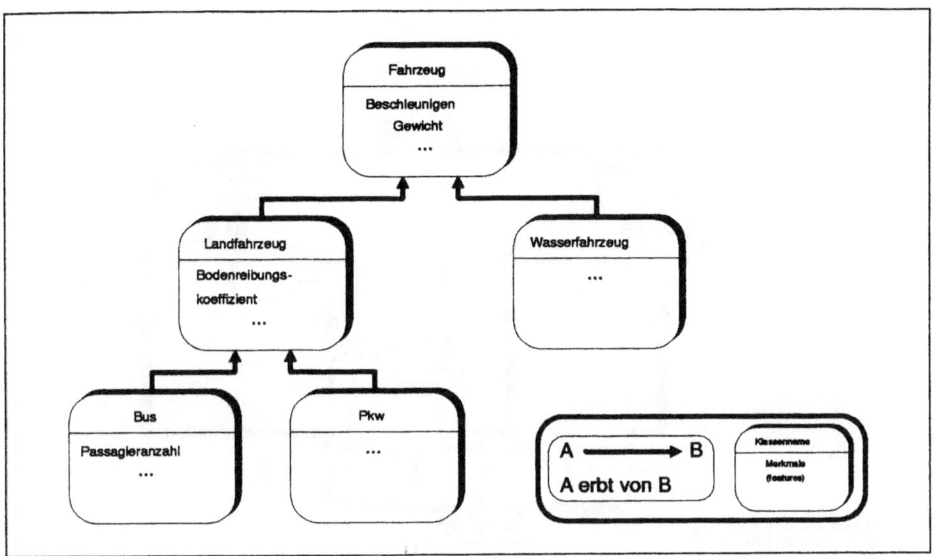

Abb.41   Vererbungshierarchie bei Fahrzeugen

allgemeinen Fahrzeuges. Es erbt zunächst die Fähigkeiten und Eigenschaften.
Zusätzlich kommen jedoch noch weitere Merkmale wie etwa der "Bodenrei-
bungskoeffizient" hinzu. Dieses Landfahrzeug kann nun seinerseits seine
Fähigkeiten und Eigenschaften weitervererben, etwa an den Erbnehmer oder
auch Nachfahren Bus, der wiederum die Eigenschaft "Passagieranzahl" zu den
ererbten hinzufügt. Mit jedem Nachfahren wächst also die Anzahl der Fähigkeiten oder Eigenschaften. In gleichem Maße steigt jedoch auch der Speziali-
sierungsgrad, so daß vielfache Vererbung in der Praxis kaum vorkommt. Ein
Problem drängt sich jedoch sofort auf. Sicherlich haben sowohl Bus als auch
Wasserfahrzeug die Fähigkeit des Beschleunigens. Beide werden dies jedoch
sicherlich anders bewerkstelligen. Es muß also Möglichkeiten geben, ererbte
Fähigkeiten zu modifizieren. Man kann das Problem auch dadurch lösen, daß
man die "Funktion Beschleunigen" vom allgemeinen Fahrzeug auf die Nachfahren verlagert und den Landfahrzeugen die Funktion "Erdebeschleunigen",
den Wasserfahrzeugen aber "Wasserbeschleunigen" gibt.
Es muß jedoch nicht nur einfache Vererbung geben. Was ist, wenn in die
obigen Zeichnung die Klasse "Amphibienfahrzeug" eingefügt werden soll? Es
erbt sowohl vom Pkw als auch vom Wasserfahrzeug oder noch besser von
einem Boot. Man nennt einen solchen Vorgang **mehrfache Vererbung**. Problematisch wird es jedoch, wenn beide Vorfahren Fähigkeiten mit gleichem
Namen haben. Woher soll der Nachfahr wissen, welche Funktion für ihn
zuständig ist?

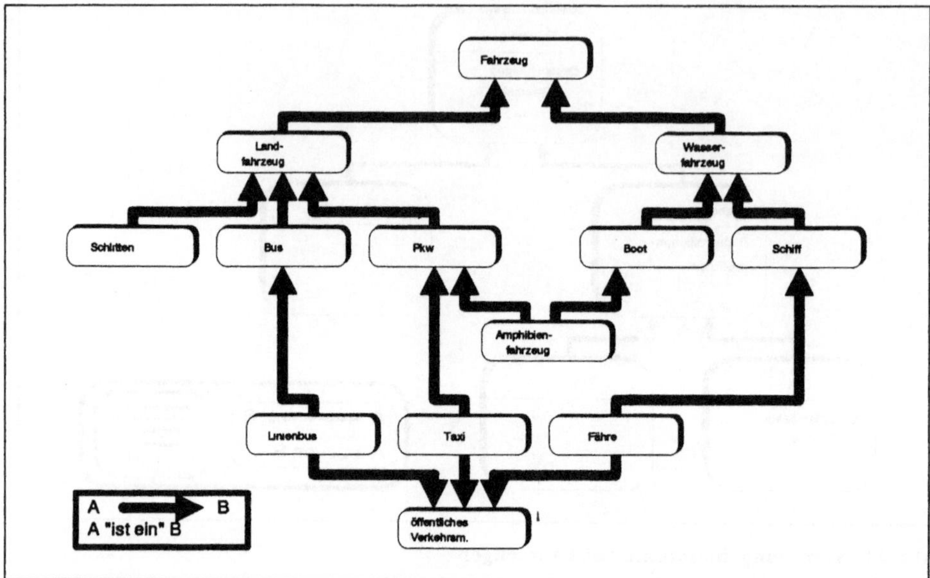

Abb.42 Mehrfache Vererbung bei Fahrzeugen

Eine Reihe von Konzepten wurde an einem hoffentlich leicht einzusehenden
Beispiel vorgeführt. Versuchen wir nun, einige von diesen in Verbindung zu
Klassen in TURBO C++ zu stellen.

V.4 Erben in TURBO C++

Will man in TURBO C++ Eigenschaften oder Fähigkeiten an eine andere
Klasse vererben, so geschieht dies mit folgender Konstruktion

```
class <Unter-Klassenname> : <Ober-Klassenname>
{
public:
                        . . .
private:
                        . . .
};
```

Angenommen, man will nun die schon programmierte Klasse `FloatArray` dazu verwenden, ein weiteres Feld zu bearbeiten, in dem jedoch zusätzlich die Elemente aufsteigend sortiert gehalten werden, so schreibt man:

```
class SortedFloatArray : FloatArray
{
public:
        SortedFloatArray(unsigned int = DefaultSize);
           //  Konstruktoren werden nicht vererbt!

        float& operator[] (unsigned int);

protected:
        void SortArray(void);

};
```

Damit hat man alle Funktionen aus der "Ober-Klasse" `FloatArray` zur Verfügung. Das einzige, was noch zu programmieren bleibt, ist der Konstruktor, der bei der Definition einer Instanz vom Typ `class SortedFloatArray` aufgerufen wird, die Funktion zum Zugriff auf ein einzelnes Element und die Funktion, die das Sortieren übernimmt.

 Konstruktoren werden bei der Vererbung von Klasen nicht mitvererbt.

Es werden also Fähigkeiten der Ober-Klasse modifiziert bzw. neue hinzugefügt. Zunächst der Konstruktor:

```
SortedFloatArray::SortedFloatArray(unsigned int
                        groesse) : FloatArray(groesse)
{
        SortArray();
}
```

Hier passiert nichts anderes, als daß der Konstruktor von `class FloatArray` auch für die abgeleitete Klasse `SortedFloatArray` verwendet wird und zusätzlich die neue Funktion `void SortedArray()` aufgerufen wird, damit nach einer Initialisierung der Form

```
class SortedArray sa[10] = {3.0, 4.7, -4,7, 1.0};
```

die Elemente richtig so 'iert sind.
Eigentlich ist diese Sort'erung jedoch überflüssig. Überlegen Sie sich dazu, wann die Sortierung des Feldes tatsächlich benötigt wird. Doch nur dann,

wenn auf einzelne Elemente zugegriffen wird, also etwa einer Zeile der Form

```
if(sa[i] < sa[j]) ...
```

Auf ein einzelnes Element wird nur durch die public-function zum Modifizieren des [ ] -Operators zugegriffen. Also muß eigentlich auch nur dort sortiert werden

```
float &SortedFloatArray::operator[] (unsigned int index)
{
        IndexCheck(index);  // Index im zulaessigen Bereich?

        SortArray();    // Feld wird nur bei direktem Element-
                        // zugriff sortiert!

        return(flarray[index]);
}
```

Das Feld wird nicht ständig sortiert gehalten, sondern nur dann, wenn es nötig ist. Hier wird wieder der Vorteil deutlich, daß nur über public-functions auf das Feld zugegriffen werden kann und keine Seiteneffekte auftreten können, weil eine Zeile der Form

```
if(*((sa.flarray)+10)  <  0)
```

schon bei der Übersetzung bemängelt würde. Die Komponente flarray liegt im protected-Bereich der Klasse und ist somit von außen unzugänglich.
Bleibt nur noch die Funktion zur eigentlichen Sortierung übrig. Auch ist nicht sehr viel zu programmieren, weil die Bibliotheksfunktion

```
void qsort(void *<Feld>, <Elementgröße>, <Elementanzahl>,
                                    <Vergleichsfunktion>);
```

aus stdlib.h verwendet werden kann. Diese sortiert Felder nach dem bekannten Quicksort-Algorithmus und ist von Borland so geschickt implementiert worden, daß man sich eigene Versuche - sofern sie nicht in Assembler geschrieben werden - getrost schenken kann.

```
void SortedFloatArray::SortArray(void)
{
        int CompareFunc(const float *, const float *);
        qsort((void *)flarray, sizeof(float), arraysize,
                                    CompareFunc);
}
```

```
int CompareFunc(const float *a, const float *b)
{
        if (*a < *b) return(-1);
        else if (*a == *b) return(0);
        else return(-1);
}
```

Es muß keinerlei Argument an SortArray() übergeben werden, weil die Feldgröße in der Variablen `arraysize` steht und diese Mitglied der Klasse ist. Die Bibliotheksfunktion qsort() ist in stdlib.h definiert. Sie benötigt als Argumente die Adresse des zu sortierenden Feldes, die Größe eines einzelnen Elementes, hier `sizeof(float)`, um das Programm portabel zu halten, die Gesamtanzahl an Elementen und eine Funktion, die zwei Elemente vergleicht. Diese muß eine -1 zurückliefern, wenn das erste Argument vor dem zweiten einsortiert werden soll, falls es kleiner ist, eine 0 bei Gleichheit und eine +1, falls das erste Argument das Größere ist. Ein solcher Vergleich ist sicherlich typabhängig und kann deshalb nicht von qsort() übernommen werden. So ist es möglich, auf- und absteigend und z.B. auch ganze Strukturen zu sortieren. Wenn Sie mit <Ctrl> (bzw. <Strg>) + <F1> Hilfe zu qsort() anfordern, finden Sie ein weiteres Beispiel. Im obigen Fall heißt die Vergleichsfunktion CompareFunc() und liefert genau wie verlangt -1, 0 oder, +1.

V.5 Ausblick

An dieser Stelle sei der Einstieg in TURBO C++ beendet. Wahrscheinlich haben Sie schon in den letzten Kapiteln gemerkt, daß manches schwieriger wird. Speziell bei der Einführung von TURBO C++ Konstruktionen wurde einiges weggelassen, was den Rahmen eines Einstieges sicherlich gesprengt hätte. Stichworte sind z.B. Mehrfachvererbung, friends, Zeiger auf Klassen usw.
Vor einer Beschäftigung mit diesen Dingen, sollte ein völliges Verständnis der im Buch behandelten Themen stehen. Falls Sie schon immer vorhatten, ein größeres Programm zu schreiben, so ist dies sicher schon mit dem bis hierher gelernten möglich. Erst danach sollten Sie zu fortgeschrittenen Anwendungen unter TURBO C++ übergehen. Dazu sei besonders auf das bei den Literaturhinweisen aufgeführte Buch "Objektorientierte Programmierung mit TURBO C++" von Martin Aupperle hingewiesen.

VI Anhang

VI.1 Zahlensysteme

Wie Sie wahrscheinlich schon mal gehört haben, kann ein Computer letztlich
nur mit zwei Zahlen rechnen, 0 und 1. Wie ist es ihm dennoch möglich, beinahe
beliebig große Werte zu speichern? Er verwendet das sog. **Binärsystem** zur
Zahlendarstellung. Um dies zu verstehen, beschäftigt man sich am besten
zunächst einmal mit dem bekannten Dezimalsystem - auch Zehnersystem
genannt. Nehmen Sie die Zahl 5381. Diese Zahl besteht aus vier einzelnen
Ziffern, die jeweils einen eigenen Wert repräsentieren. 5381 läßt sich auch
folgendermaßen darstellen:

```
5381        =           5 *  1000
                    +   3 *   100
                    +   8 *    10
                    +   1 *     1
```

Die Zahl 5381 setzt sich also aus fünf Tausendern, drei Hundertern, acht
Zehnern und einem Einer zusammen. Diese Faktoren (1000, 100, 10 und 1)
lassen sich auch als Zehnerpotenzen schreiben:

$$5381 = 5 * 10^3 + 3 * 10^2 + 8 * 10^1 + 1 * 10^0$$

Jede Position einer Zahl im Dezimalsystem (lat. "decem", dt. "zehn") kann
zehn verschiedene Werte (von 0 bis 9) annehmen.
Ganz analog geht es im Binärsystem (lat. "bi", dt. Vorsilbe für "aus zwei
Einheiten"); nur, daß hier jede Position lediglich zwei Werte annehmen kann.
Jede Position einer Binärzahl besteht also aus den Zahlen 0 oder 1 und stellt
Vielfache einer Zweierpotenz dar. Die binäre Zahl 100111 setzt sich demnach
so zusammen:

$$
\begin{aligned}
100111 \quad = \quad & 1 * 2^5 \\
+ \; & 0 * 2^4 \\
+ \; & 0 * 2^3 \\
+ \; & 1 * 2^2 \\
+ \; & 1 * 2^1 \\
+ \; & 1 * 2^0
\end{aligned}
$$

An diesem Beispiel können Sie auch erkennen, wie man binäre in dezimale Zahlen umrechnet. Man summiert einfach alle vorhandenen Zweierpotenzen auf, im obigen Beispiel also

$$2^5 + 2^2 + 2^1 + 2^0 \quad = \quad 32 + 4 + 2 + 1 \quad = \quad 39.$$

Umgekehrt ist das Ganze nicht so einfach. Um die Binärdarstellung einer Dezimalzahl zu erhalten, teilt man die Dezimalzahl immer wieder durch zwei und notiert die dabei auftretenden Reste, also z.B.:

```
39 / 2   =   19      Rest 1
19 / 2   =    9      Rest 1
 9 / 2   =    4      Rest 0
 4 / 2   =    2      Rest 0
 2 / 2   =    1      Rest 0
 1 / 2   =    0      Rest 1

=>       1  0  0  1  1  1
```

Liest man nun die Reste von unten nach oben, so erhält man wieder die 100111. Es gibt ein spezielles Zeichen, um deutlich zu zeigen, daß eine binäre Zahl gemeint ist. Man stellt ein % - Zeichen vor die Zahl, so daß sichergestellt ist, daß %10 tatsächlich die Binärdarstellung der dezimalen 2 ist.
Weshalb nun noch andere Zahlensysteme? Nun, den Begriff Byte kennen auch Computer-Laien. Dies ist eine Speichereinheit im Rechner, die Werte von 0 bis 255 annehmen kann. Warum ausgerechnet 255? Die Zahl 255 besteht im Binärsystem aus acht Einsen (%11111111) und ist so die größte Zahl, die sich mit acht Bit = einem Byte darstellen läßt. Ältere 8-Bit-Computer können in ihrem Prozessor also mit Werten von 0 bis 255 rechnen, sofern nicht weiterer Betriebssystemaufwand betrieben wird. Dieses Rechnen geschieht im **Oktalsystem**. Hier wird die Basis 8 zugrunde gelegt, so daß dort nur die Ziffern 0, 1, 2, 3, 4, 5, 6 und 7 zur Verfügung stehen. Betrachten wir die oktale Zahl 1363

$$
\begin{aligned}
1363 \quad = \quad & 1 * 8^3 \quad = \quad 1 * 512 \quad = \quad 512 \\
+ \; & 3 * 8^2 \quad = \quad 3 * 64 \quad = \quad 192 \\
+ \; & 6 * 8^1 \quad = \quad 6 * 8 \quad = \quad 48 \\
+ \; & 3 * 8^0 \quad = \quad 3 * 1 \quad = \quad 3
\end{aligned}
$$

Aufsummieren der einzelnen Potenzen ergibt die dezimale 755. Die Rückumwandlung von einer dezimalen in eine oktale Zahl verläuft analog zum Binärsystem, nur daß hier natürlich durch acht geteilt werden muß. Um zu kenn-

zeichnen, daß es sich um eine oktale Zahl handelt, wird in 'C' eine 0 vor die
Zahl gestellt, so daß 036 verschieden ist von 36.
Das Oktalsystem ist heutzutage jedoch weniger verbreitet, weil die meisten
Rechner mit mindestens 16 Bit arbeiten und so mit Zahlen von 0 bis 2^{15} =
32768 rechnen können. Es wird also die Basis 16 betrachtet, womit man im
Hexadezimalsystem ist. Jede Stelle hat 16 Werte, von 0 bis 15. Um diese
darzustellen, verwendet man die üblichen zehn Ziffern (von 0 bis 9) und die
ersten 6 Buchstaben des Alphabets (A bis F). A bedeutet dezimal 10, B 11
usw. Nehmen wir als Beispiel folgende Zahl:

```
1FC  =      1 * 16²    =      1 * 256    =      256
     +      F * 16¹    =     15 *  16    =      240
     +      C * 16⁰    =     12 *   1    =       12
```

Hier ergibt das Aufsummieren der Potenzen die dezimale 508. Der umgekehrte
Weg geschieht wieder durch fortgesetzte Division mit Notieren des Restes.
Das Zeichen für eine hexadezimale Zahl ist ein vorangestelltes 0X, so daß
0X23 zu unterscheiden ist von 023 und 23.
Wie rechnet man nun in den "neuen" Zahlensystemen? Nun, genau wie im
Dezimalsystem, nur das hier der Übertrag bei anderen Werten erfolgt.
Beispiel im Binärsystem: (Übertrag nach 1)

```
         45   =         % 101101
   +     46   =    +    % 101110
   - - - - - - - - - - - - - - - - - -
         91   =         %1011011
```

Völlig analog verläuft es im Oktal- und Hexadezimalsystem. Vollziehen Sie
bitte folgendes Beispiel nach: (Übetrag nach 7 bzw. F)

```
      0X12EA6   =        0227246   =         77478
   +  0X294A5   =    +   0512245   =    +    169125
   - - - - - - - - - - - - - - - - - - - - - - - - -
      0X3C34B   =        0741513   =        246603
```

Aufgabe 37:

Addieren Sie die Zahlen 6633568 und 3663786 sowohl oktal als auch hexadezimal.

VI.2 Struktogrammsymbole

Im Verlaufe des Buches wurden die gebräuchlichsten Struktogrammsymbole an verschiedenen Stellen eingeführt. Hier sind noch einmal alle zusammengefaßt:

Abb.43   einfache Anweisung

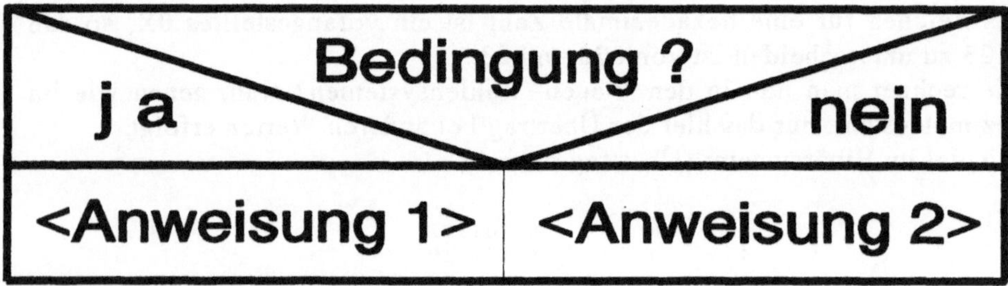

Abb.44   if-else-Anweisung

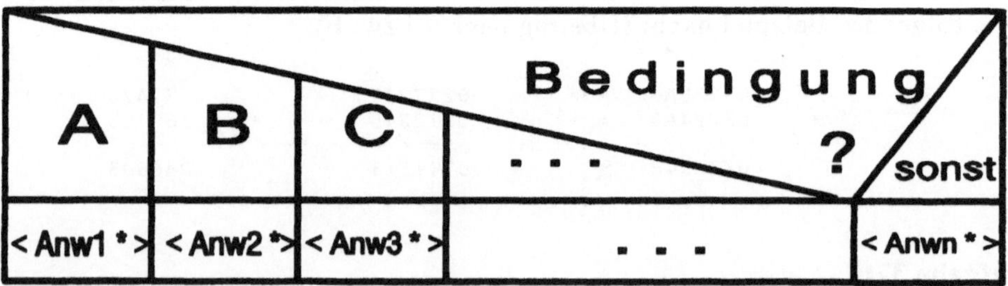

Abb.45   switch-Anweisung

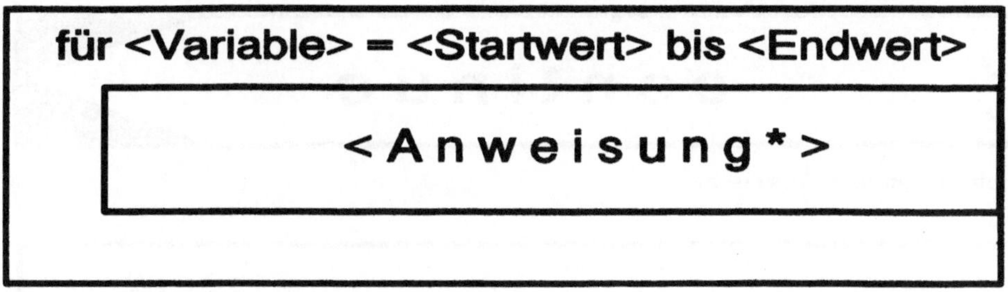

Abb.46 for-Schleife

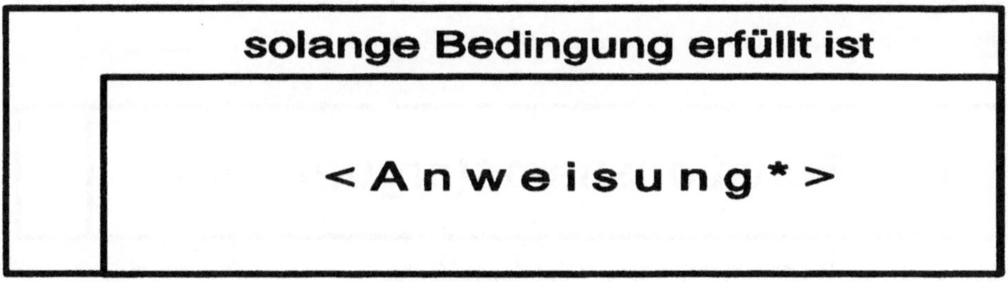

Abb.47 while-Schleife

Abb.48 do-while-Schleife

Abb.49 break-Anweisung

continue

Abb.50 continue-Anweisung

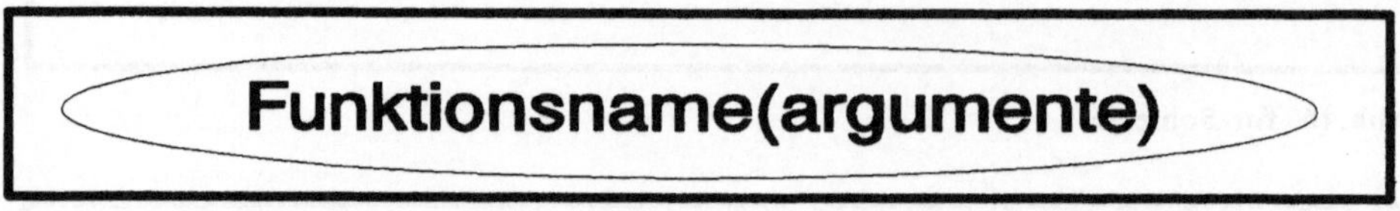

Funktionsname(argumente)

Abb.51 Funktionsaufruf (mit Argumenten)

Funktionsname(argumente)

Abb.52 alternative Darstellung eines Funktionsaufrufes

return(...)

Abb.53 return-Anweisung (zum Verlassen von Funktionen).

Um ein Beispiel zu zeigen, folgt nun ein Algorithmus zur Ermittlung des kleinsten gemeinsamen Vielfachen (kgV) :

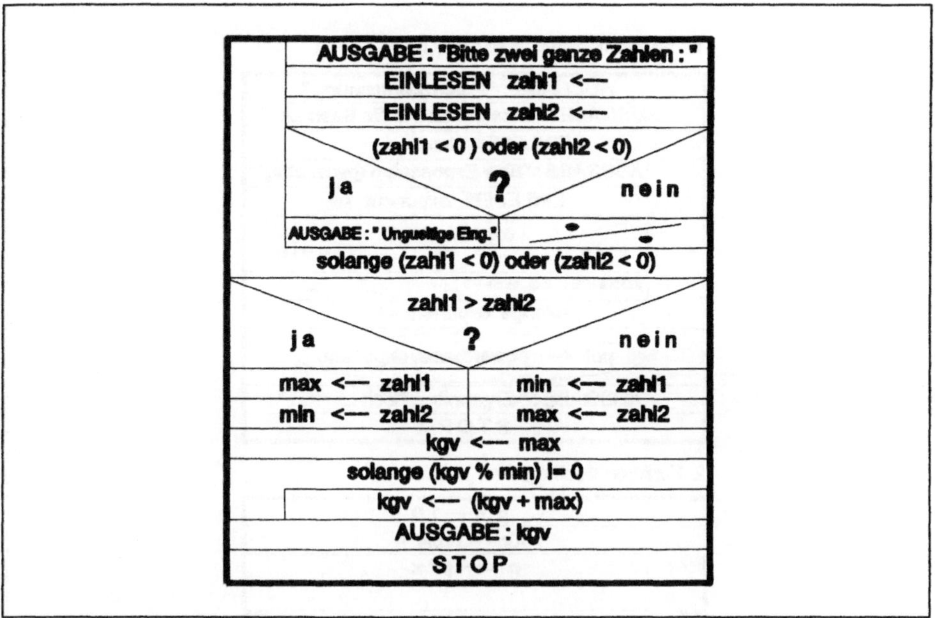

Abb.54 Struktogramm zum kgV-Algorithmus

Ein weiteres Beispiel soll deutlich machen, daß für Funktionen ein separates Struktogramm verwendet wird. Hier wird die Funktion Power() zum Potenzieren zweier ganzer Zahlen vorgeführt:

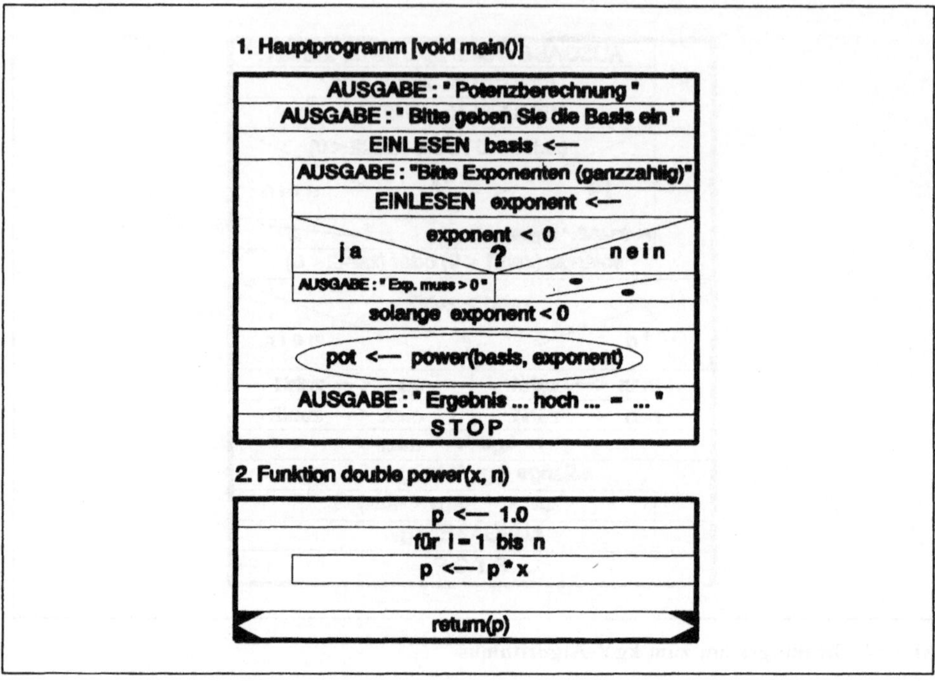

Abb.55 Struktogramm zum Potenzieren zweier Zahlen

VI.3 Literaturhinweise

□ "Programmieren in C" - Brian W. Kernighan und Dennis M. Ritchie - Hanser Verlag - Das Standardwerk der "Erfinder" von 'C'. Wenn möglich, sollten Sie sich das englische Original zulegen ("The C Programming Language" - Brian W. Kernighan und Dennis M. Ritchie - Englewood Cliffs, NJ, Prentice-Hall), weil die deutsche Übersetzung zuweilen merkwürdige Stilblüten treibt. - ca. 50 DM

❏ "Objektorientierte Programmierung mit TURBO C++" - Martin Aupperle - Verlag Vieweg - Eine systematische Einführung in die Welt der Objekte. Das Buch wendet sich an alle, die tiefer in 'C++' einsteigen wollen und eine fundierte Einführung suchen. - ca. 48 DM - erscheint im Dezember 1990.

❏ "TURBO C 2.0" - Ingo Pakleppa / Uwe Repplinger - Addison-Wesley Verlag - Gute Einführung in den Borland 'C'-Compiler in der Version 2.0. Das Buch gefällt vor allem durch eine komplette Übersicht über alle Funktionen von TURBO C mit Darstellung von Unterschieden zu ANSI- bzw. UNIX-'C' - ca. 60 DM

❏ "Einführung in die Programmiersprache C++" - Falko Bause / Wolfgang Tölle - Verlag Vieweg - Übersichtliche Darstellung des 'C' - Nachfolgers 'C++' (Version 1.2), mit dem die Idee der objektorientierten Programmierung verwirklicht werden kann. Das Buch geht zwar noch kurz auf die 'C'-Grundlagen ein, stellt jedoch sehr schnell die neuen Möglichkeiten von 'C++' heraus. - ca. 40 DM

❏ "C++ für Programmierer" - Falko Bause / Wolfgang Tölle - Verlag Vieweg - Nachfolgewerk zu "Einführung in die Programmiersprache C++", das nun den neuen 'C++'-Standard 2.0 von AT&T behandelt. Dieser wird auch von TURBO C++ unterstützt. Fortgeschrittene Programmierer können dieses Werk sowohl zur Wissensvertiefung als auch zum Nachschlagen verwenden - ca. 50 DM

❏ "C++ Primer" - Stanley B. Lippman - Verlag Addison Wesley - Eine Einführung in 'C++', die vor allem durch die zahlreichen Beispiele gefällt. Auch sie behandelt den neuen Standard 'C++' V 2.0 .Leider zur Zeit nur in Englisch zu haben. - ca. 65 DM

❏ "Effektiv Programmieren in C" - Dietmar Herrmann - Verlag Vieweg - Dieses Buch bietet eine Fülle von interessanten Programmierbeispielen, die dem Anwender als Anregung zu eigenen Programmen dienen können. - ca. 50 DM

❏ "Alghorithmen und Datenstrukturen mit Modula-2" bzw. "Alghorithmen und Datenstrukturen mit Pascal" - Nikolaus Wirth - Verlag B.G. Teubner Stuttgart - Wie der Name schon sagt, kein Buch zum 'C' lernen. Dafür ist es aber das Standardwerk für alle, die sich stärker mit den wohl wichtigsten Dingen bei der Computerprogrammierung beschäftigen wollen, nämlich Suchen und Sortieren. Vom einfachen Bubblesort über das schnelle Quicksort bis zur Einführung in Bäume (keine biologischen) und Graphen ist alles enthalten. Wegen des umfangreichen mathematischen Hintergrundes ist dieses Werk jedoch nur für professionelle Anwender geeignet und nicht für den "Hobby-Hacker". - ca. 60 DM

VI.4 ASCII-Tabelle

Im Verlauf des Buches ist immer wieder die Rede vom sog. ASCII (= American Standard Code for Information Interchange (sprich *"äskih"*)) -Code, der alle Zeichen, die ein Rechner produzieren kann, dezimal kodiert. Auch wenn es die Programmierung in TURBO C++ durch die komfortablen Formatsteuerzeichen und die Fähigkeit, mit Zeichen zu "rechnen", eigentlich überflüssig macht, schließt sich nun eine ASCII - Tabelle mit allen darstellbaren Zeichen an. Nicht darstellbar ist z.B. der Code Nr. 7, der ein Piepen des Lautsprechers bewirkt.

Neben dem ASCII-Code wird auf einigen (Groß-)Rechnern (meist IBM) noch der EBCDIC (= Exteded Binary Coded Decimal Information Code (sprich: *"ebbsidick"*)) -Code angewendet.

32		33	!	34	"	35	#
36	$	37	%	38	&	39	'
40	(	41	)	42	*	43	+
44	,	45	-	46	.	47	/
48	0	49	1	50	2	51	3
52	4	53	5	54	6	55	7
56	8	57	9	58	:	59	;
60	<	61	=	62	>	63	?
64	@	65	A	66	B	67	C
68	D	69	E	70	F	71	G

72	H	73	I	74	J	75	K
76	L	77	M	78	N	79	O
80	P	81	Q	82	R	83	S
84	T	85	U	86	V	87	W
88	X	89	Y	90	Z	91	[
92	\	93	]	94	^	95	_
96	'	97	a	98	b	99	c
100	d	101	e	102	f	103	g
104	h	105	i	106	j	107	k
108	l	109	m	110	n	111	o
112	p	113	q	114	r	115	s
116	t	117	u	118	v	119	w
120	x	121	y	122	z	123	{
124	|	125	}	126	~	127	

Von hier an ist der ASCII-Code nicht mehr einheitlich. Er unterscheidet sich
sowohl rechner- als auch länderspezifisch. Bedenken Sie jedoch immer, daß
portable Programme keine expliziten Codes benötigen, weil man in 'C' doch
so schön mit Zeichen "rechnen" kann.

VI.5 Schlüsselworte In TURBO C++

Nachfolgende Übersicht enthält alle reservierten Worte von TURBO C++.
Diese dürfen nicht als Namen für Variablen, Konstanten, Typen oder Funktionen verwendet werden. Sie müssen alle klein geschrieben werden. Bis auf
Worte, die mit einem *) versehen sind, handelt es sich auch um Schlüsselworte
der Version TURBO C 2.0

```
asm           auto          break         case          catch*)
cdecl         char          class*)       const         continue
```

```
default      do         double      else          enum
extern       far        float       friend*)      for
goto         huge       if          inline*)      int
interrupt    long       member*)    near          new*)
overload*)   pascal     private*)   protected*)   public*)
register     return     short       signed        sizeof
statice      struct     switch      this*)        template
typedef      union      unsigned    void          volatile
while        _cs        _ds         _es           _ss
```

VI.6 Lösungen

Nachfolgend finden Sie Lösungen zu zahlreichen Übungsaufgaben. Bevor Sie
jedoch hierauf zurückgreifen, sollten Sie selbst versuchen, die Aufgaben zu
lösen, und sich hier nur kontrollieren. Bei umfangreicheren Aufgaben wurden
lediglich die Kernpunkte abgedruckt. Alle Lösungen wurden eigenhändig
getestet. Dennoch kann keine Gewähr für absolute Korrektheit übernommen
werden.

Aufgabe 1:

1.Main()	muß klein geschrieben werden.
2.int 7c;	Variablennamen dürfen nicht mit einer Ziffer beginnen.
3.m = a*b;	Die Variable m wurde nicht definiert.
4./* /* ...	verschachtelte Kommentare sind unter ANSI-'C' unzulässig.

5.`printf(... %d = %d\n`   fehlende Hochkommas am Ende von
                              printf().
6.`... können /*`   Am Ende eines Kommentares muß `*/`
                              stehen.
7.`(... %d = %d\n`   wie 5.

Aufgabe 2:

$$\% \ 0101011 \ = \ 2^5 + 2^3 + 2^1 + 2^0 \ = \ 32 + 8 + 2 + 1 \ = \ 43$$
$$\% \ \ 011111 \ = \ 2^3 + 2^2 + 2^1 + 2^0 \ = \ \ \ 8 + 4 + 2 + 1 \ = \ 15$$

Aufgabe 3:

```
19        =   % 0 1 0 0 1 1
25        =   % 0 1 1 0 0 1
```


Aufgabe 4:

```
-40:    +40     =       % 0 0 1 0 1 0 0 0
                kippen: % 1 1 0 1 0 1 1 1
                +1      % 1 1 0 1 1 0 0 0

-127:   +127    =       % 0 1 1 1 1 1 1 1
                kippen: % 1 0 0 0 0 0 0 0
                +1      % 1 0 0 0 0 0 0 1
```


Aufgabe 5:

1. Möglichkeit:

```
        27   =   % 0 0 0 1 1 0 1 1
   -    14   =   % 0 0 0 0 1 1 1 0
   ------------------------------------
                 % 0 0 0 0 1 1 0 1
```

2. Möglichkeit: Addition im 2-Komplement.
                         Bilde dazu zunächst -14:

```
          +14        =        % 0 0 0 0 1 1 1 0
                   kippen:    % 1 1 1 1 0 0 0 1
                     +1       % 1 1 1 1 0 0 1 0
```

nun addieren:

```
                    % 0 0 0 0 1 1 0 1 1
               +    % 1 1 1 1 0 0 1 0
               - - - - - - - - - - - - - - -
                    % 0 0 0 0 1 1 0 1        =        13
                                                    =====
```

```
          35    =      % 0 0 1 0 0 0 1 1
       -  52    =      % 0 0 1 1 0 1 0 0
       - - - - - - - - - - - - - - - - - - - - - -
                       % 1 1 1 0 1 1 1 1
```

=>   negative Zahl, also

```
kippen:              % 0 0 0 1 0 0 0 0
auswerten:           16
+1                   17
- davor:             -17
                     =====
```

Aufgabe 6:

```
Ausgabe:         a = 6    b = 5
                 a = 11   b = 4
                 a = 50   b = 20   c = 10
                 a = 51   b = 19   c = 31
```

Aufgabe 7:

```
Ausgabe:         a)       Test:89.50 %
                 b)       Test:20
                 c)       Test:65 = A
                 d)       Test:000036 = 0X24 = 044
                 e)       Test:99.500    99.000
```

(Das Dezimalkomma zählt als Zeichen!)

Aufgabe 8:

```
a)   10  %  4  +  8  /  3              =    2 + 2              =    4
b)   -6  +  3  *  2  %  4              =   -6 + 6  %  4        =   -4
c)   10  /  -4  + 17  %  -5            =   -2 + 2              =    0
d)    5  *  (-3  *  -2)  %  (4 + -1)   =    5 * 6  %  3        =    0
```

Aufgabe 9:

a) Struktogramm:

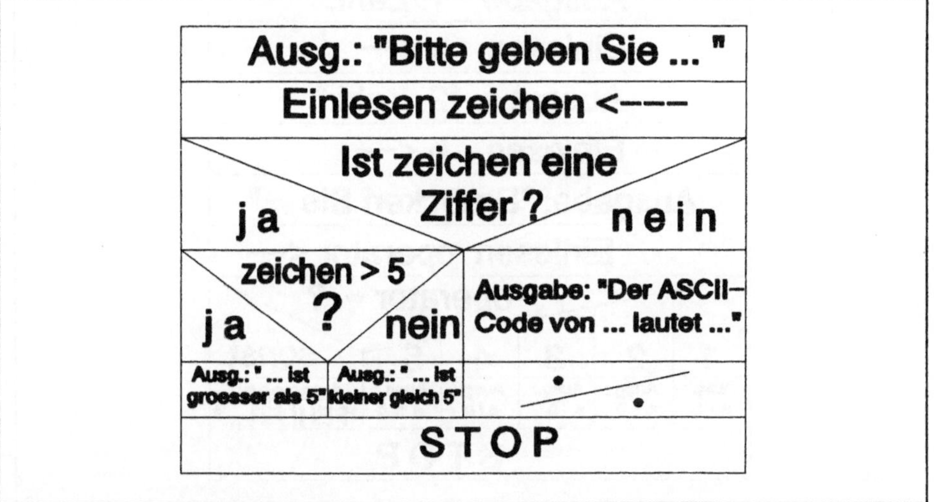

Abb.56 Struktogramm zur Aufgabe 9

b) TURBO-C++ Quellcode:

```c
#include <stdio.h>

main()
{
        char ch;

        printf("\n\n\tGeben Sie bitte ein Zeichen ein: ");
        scanf("%c", &ch);

        if ((ch >= '0') && (ch <= '9'))
            if (ch > '5')
                printf("\n\t%c ist groesser als 5\n", ch);
```

```
            else
                  printf("\n\t%c ist kleiner gleich 5\n", ch);
      else
            printf("\n\tDer ASCII-Code von %c : %d\n", ch, ch);

}           /* Ende vom main() */
```

Aufgabe 10:

a) Struktogramm:

Abb.57 Struktogramm zur Aufgabe 10

b) TURBO C++   Quellcode:

```
#include <stdio.h>

main()
{
      long a, b;
      short operator;

      printf("\n\n\t Geben Sie  zwei ganze Zahlen ein:");
      printf("\n\n\t 1. Zahl: ");
      scanf("%ld", &a);
      printf("\n\t 2. Zahl: ");
      scanf("%ld", &b);
```

```c
        printf("\n\t Druecken Sie bitte:");

        /*
         * Wahrscheinlich werden Sie sich fragen, wieso man
         * den Operator nicht als char-Variable einlesen kann.
         * Dies haengt damit zusammen, dass nach dem Einlesen
         * der beiden Zahlen ein '\n' im Tastaturpuffer
         * haengt und dieses als Zeichen interpretiert wuerde.
         */
        printf("\n\t\t 1 fuer Addition");
        printf("\n\t\t 2 fuer Subtraktion");
        printf("\n\t\t 3 fuer Multiplikation");
        printf("\n\t\t 4 fuer Division");
        printf("\n\t\t 5 fuer Berechnung des Restes");
        printf("\n\n\t Ihre Wahl: ");
        scanf("%hd", &operator);

        switch (operator)
        {
                case 1:   printf("\n\t Ergebnis %ld + %ld = %ld",
                                        a, b, (a + b));
                          break;
                case 2:   printf("\n\t Ergebnis %ld - %ld = %ld",
                                        a, b, (a - b));
                          break;
                case 3:   printf("\n\t Ergebnis %ld * %ld = %ld",
                                        a, b, (a * b));
                          break;
                case 4:   printf("\n\t Ergebnis %ld / %ld = %f",
                                a, b, ((float) a / (float) b));
                          break;
                case 5:   printf("\n\t Ergebnis %ld %% %ld = %ld",
                                        a, b, (a % b));
                          break;
                default:  printf("\n\t FEHLER: Kein gueltiger
                                                Operator!");

        }                       /* Ende von switch(operator) */

        printf("\n\n");

}           /*  Ende von main()  */
```

Aufgabe 12:

```c
#include <stdio.h>

main()
{
        long i, x, y, a, b, mult = 0;
        char vorzeichen = 0;
        printf("\n\t Bitte erste ganze Zahl eingeben: ");
        scanf("%ld", &a);
        printf("\t Bitte zweite ganze Zahl eingeben: ");
        scanf("%ld", &b);

        if (((a < 0) && (b > 0)) || ((a > 0) && (b < 0)))
            vorzeichen = 1;

        if (a < 0) x = -a;
        else x = a;
        if (b < 0) y = -b;
        else y = b;

        for (i = 1; i <= x; mult += y, i++);
            if (vorzeichen) mult = -mult;

        printf("\n\tErgebnis %ld * %ld = %ld \n\n",a, b, mult);
}       /*  Ende von main()  */
```

Aufgabe 15:

```c
#include <stdio.h>

main()
{
        char temp, st[1000];
        int i, j, len;
        for (;;)
        {
            printf("\n\n\t Bitte geben Sie eine
                            Zeichenkette ein : ");
            scanf("%s", st); /* Bitte keine Blanks eingeben  */
            if (st[0] == '.')
                break;

            for (i = 0; st[i] != '\0'; i++)    ;

            len = i;
            for (i = 0, j = (len - 1); (i <= j); i++, j--)
            {
                temp = st[i];
                if ((st[j] >= 'a') && (st[j] <= 'z'))
                    st[i] = st[j] - ('a' - 'A');
                else
                    st[i] = st[j];
```

```c
                if ((temp >= 'a') && (temp <= 'z'))
                     st[j] = temp - ('a' - 'A');
                else
                     st[j] = temp;

           }      /* Ende von for(i = 0 ...  */

        printf("\n\t Umgedreht und gross : %s \n", st);

     }                          /* Ende von for(;;) */

   printf("\n\n\t\t\t Programmende ! \n\n");

}         /* Ende von main() */
```

Aufgabe 17:

```c
#include <stdio    .h>

void main()
{
        double kapital;
        long laufzeit;
        float zins;
        double Endkapital(double, long, float);

        printf("\n\n\t\t\tZINSERTRAGSBERECHNUNG !\n\n");
        printf("\t\tBitte geben Sie das Anfangskapital ein: ");
        scanf("%lf", &kapital);

        do{
            printf("\t\tWie lange soll es angelegt werden: ");
            scanf("%ld", &laufzeit);
            if(laufzeit < 0)
                  printf("\t\tBitte positive Zahl eingeben!\n");
        }while(laufzeit );

        printf("\t\tZinssatz (in Prozent): ");
        scanf("%f", &zins);

        printf("\n\t\tNach %ld Jahren betraegt Ihr Kapital ",
                                             laufzeit);
        printf("%.2lf\n\n", Endkapital(kapital, laufzeit,
                                             zins));

}        /*  Ende von void main()  */
```

```
double Endkapital(double k, long l, float z)
{
        long i;

        for(i = 1; i <= l; i++)
             k += (k/100) * z;

        return(k);

}           /*  Ende von double Endkapital()   */
```

Aufgabe 19:

```
#include <stdio.h>

#define MITARBEITER 1000
#define MAXURLAUB 100

void main()
{
        short personal[MITARBEITER];
        void Clearfield(short[]);
            /* Funktion mit Argumenttyp short [] */
        short i, Eintrag(short[]);

        printf("\n\n\t\t\t U R L A U B S K A R T E I");
        printf("\n\t\t\t -----------------------\n\n");

        Clearfield(personal);            /* Liste initialisieren */

        while (Eintrag(personal))     ;
                /* leere Anweisung! Die while-Schleife ist
                 * beendet, wenn die Funktion Eintrag eine 0
                 * zurueckliefert */

        printf("\n\n\t\t\tG E S A M T U E B E R S I C H T");
        printf("\n\t\t\t----------------------------------\n");
        for (i = 0; i < MITARBEITER; i++)
             if (personal[i])
                {        /* PersNr, die Urlaub gemacht hat ? */
                    printf("\t\t\t\tPersonalnr.: %hd\n", (i + 1));
                    printf("\t\t\t\tUrlaubstage: %hd\n\n",
                                            personal[i]);
                }
             printf("\n"); /* einfacher Zeilenvorschub */

}           /* Ende von void main() */


void Clearfield(short liste[])
{            /* Bei Feldern brauchen KEINE GRENZEN
              * uebergeben zu werden. */
        short i;
        for (i = 0; i < MITARBEITER; liste[i++] = 0)     ;

}           /* Ende von void Clearfield() */
```

```c
short Eintrag(short liste[])
{
        short tage, nr;
        do
        {
            printf("\n\t\t\t Personalnr.: ");
            scanf("%hd", &nr);
            if ((nr < 0) || (nr > MITARBEITER))
                    printf("\n\t\t\tFalsche Personalnummer!\n");
        } while ((nr < 0) || (nr > MITARBEITER));

        if (nr == 0)  return (0);

        do
        {
            printf("\t\t\tUrlaubstage: ");
            scanf("%hd", &tage);
            if ((tage < 0) || (tage > MAXURLAUB))
                    printf("\n\t\t\tUngueltige Eingabe!\n\n");

        } while ((tage < 0) || (tage > MAXURLAUB));

        liste[nr - 1] += tage;
            /* Die Indizes beginnen bei 0 ! */
        return (nr);
}       /* Ende von short Eintrag() */
```

Aufgabe 20:

Nur die Unterprogramme. Im Hauptprogramm wird lediglich so eingelesen,
daß die Ober- und Untergrenzen nicht über- bzw. unterschritten werden.

```c
int Prod(double p)
{
        double x = 24000.0 - p * 100.0;
                            /* Preis-Absatz-Funktion */

        return ((int) x);

}       /* Ende von int Prod() */

double Gewinn(int x)
{
        double k, u;        /* Var. fuer Kosten und Umsatz */

        if (x <= MENGE1)
            k = FIXK1 + VARK1 * (double) x;
        else if ((x > MENGE1) && (x <= MENGE2))
            k = FIXK2 + VARK1 * (double) x;
        else
            k = FIXK2 + VARK2 * (double) x;
```

```
        /* Nun die Berechnung des Umsatzes */

        u = ((240.0 * (double) x) - ((x * 0.01) * x);
        /*
         * Die Berechnung von x² muss so merkwuerdig
         * aufgespaltet werden, weil sonst der gueltige
         * Zahlenbereich verlassen wuerde.
         */

/* Der Gewinn ergibt sich nun als Umsatz-Kosten */

        return (u - k);

}         /* Ende von double Gewinn() */
```

Aufgabe 22:

1. **Ausgabe: "6 ist gerade"**
    **Die Variable a wird innerhalb des Makros erhöht, es wird
    also so ersetzt:**
    ```
    ( ( (++a) % 2 == 0) ? ...
    ```

2. **Ausgabe: "erg = 25.00"**
    Der erste Aufruf von `pow((double)x, (double)y)`
    liefert 25, der zweite `pow((double)y), (double)x)`
    ergibt eine 32. Das Minimum beträgt 25.

3. **Ausgabe: "w ist ein Kleinbuchstabe"**

4. **Ausgabe: "ch = T"** **(so allerdings bitte nicht aufrufen, weil
                          es zu unerwünschten Seiteneffekten
                          kommen kann.)**

Aufgabe 23:

```
#define ISALPHA(C) ((C >= 'A') && (C <= 'Z')) ||
                   ((C >= 'a') && (C <= 'z')) ? 1 : 0
#define ISDIGIT(C) ((C >= '0') && (C <= '9'))  ? 1 : 0
#define ISEOL(C)   ((C == 10)  || (C == 13))   ? 1 : 0
#define ISSEP(C)   (ISSEP(C)   || (C == 9) || (C == 32)) ? 1 : 0
```

Aufgabe 24:

```
#define MAX3(A, B, C) (MAX(A,B) < MAX(B,C)) ?
                                    MAX(A,B) : MAX(B,C)
```

Aufgabe 26:

```
struct datum{
                short tag;
                short monat;
                long jahr;
                };

struct tel{
                long vorwahl;
                long nr;
                };

struct person{
                int persnr;
                struct datum gebdatum;
                unsigned short abtnr;
                struct tel privtel;
                };

void main()
{
        struct person linden, malangre;

        /* ( . . . ) */

}        /* Ende von void main() */
```

Aufgabe 27:

```
union fam{
                char ledig;
                int kinder;
                };
struct datum{
                unsigned tag : 5;    /* Werte von 0 .. 31   */
                unsigned monat : 4;  /* Werte von 0 .. 15   */
                unsigned jahr : 11;  /* Werte von 0 .. 2047 */
                };
```

```
struct kunde{
                int nr;
                unsigned gebiet : 3;      /* Werte von 0 .. 7 */
                struct datum gebdatum;
                struct tel{
                        long vorwahl;
                        long anschluss;
                        }telnummer;
                union fam stand;
                };

void main()
{
        struct kunde3 liste[100];     /*  100 Strukturen  */

        /* ( . . . ) */

        /* Exemplarische Zuweisungen */

        liste[1].nr = 102;
        liste[1].gebiet = 3;      /* wohnt in Westdeutschland */
        liste[1].gebdatum.tag = 24;
        liste[1].gebdatum.monat = 12;
        liste[1].gebdatum.jahr = 1950;
        liste[1].telnummer.vorwahl = 241; /* ohne fuehr. 0 */
        liste[1].telnummer.anschluss = 505035;
        liste[1].stand.ledig = 'j';

        /* ( . . . ) */

}       /*  Ende von void main()  */
```

Aufgabe 28:

Eine ausführlich kommentierte Lösung befindet sich auf der beiliegenden Diskette.

Aufgabe 29:

Nur die Unterprogramme zum Würfeln und zur Ausgabe des Feldes:

```
#include <stdio.h>
#include <stdlib.h>       /*  fuer die Funktion long rand()
                              und long srand()  */
#include <time.h>         /*  fuer die Funktion long time()  */
```

```c
typedef unsigned short AUGEN;

AUGEN cube[6];      /*  Hier werden die Anzahlen gespeichert  */

void main()
{
        /*  ( . . . ) Initialisierung und Abfrage, wie oft
                  gewuerfelt werden soll */

}        /*  Ende von void main()  */


void Wuerfeln(long anz)
{
        register AUGEN wurf;
        register long i;

        long start = time(NULL);
            /*    liefert einen long-Wert, der die Sekunden,
                  seit dem 1.1.1970, 0.00:00 Uhr enthaelt.  */

        srand(start);  /*   Initialisierung des Zufalls-
                            generators  */

        for(i = 1; i <= anz; i++)
        {
            wurf = (AUGEN)((rand() % 6) + 1);
            cube[wurf-1]++;

            if(anz <= 1000)
                /* Anzeige nur, bei weniger als 1000 Wuerfen */
                printf("\n\t\t %hd. Wurf:\t%hd insges. %hd",
                                  i, wurf, cube[wurf-1]);
        }
}        /*  Ende von void Wuerfeln()  */


void Feldausgabe(long anz)
{
        register AUGEN i;
        char cubename[][6] = { "Eins", "Zwei", "Drei", "Vier",
                                        "Fuenf", "Sechs" };

        printf("\n\n\t\t\t G E S A M T S T A T I S T I K");
        printf("\n\t\t\t ------------------------------");

        printf("\n\n\t\t Von insgesamt %ld Wuerfen wurde:
                                \n\n", anz);
        for(i = 0; i < 6; i++)
        {
            printf("\t\t %hd  x   (= %f%%)\teine %s \n",
            cube[i],(float)(((double)cube[i]/
                        (double)anz)*100.0), cubename[i]);
        }
        printf("\n\t\t\t\t\t\t gewuerfelt.\n");

}        /*  Ende von void Feldausgabe()  */
```

Aufgabe 30:

a)   n = 3 Bits ab Position p = 5 aus x = 44 = % 0 0 1 0 1 1 0 0
        =>   % 1 0 1 = 5

b)   n = 2 Bits ab Position p = 7 aus x = 75 = % 0 1 0 0 1 0 1 1
        =>   % 0 1 = 1

Aufgabe 31:

```c
#include <stdio.h>
#include <conio.h>        /*   fuer die Fkt. int getche() */
#include <ctype.h>        /*   fuer das Makro toupper()    */
#include <io.h>           /*   fuer die Fkt. int acces()  */

main()
{       /* zurueckgeliefert wird die Anzahl der
         * zusammengefugten Dateien */

        char quelldatei[100][30];      /* Dateinamen */
        char zieldatei[30];
        short i, anz = 0;
        register int ch, antwort;
        register unsigned long counter = 0;
        FILE *fpin, *fpout;
                /* Dateizeiger fuer Quelle und Ziel */

        printf("\n\n\t Bitte Quelldateien angeben:
                                (Ende mit .)!\n\n");
        do
        {
            printf("\t %hd. Datei: ", (anz + 1));
            scanf("%s", quelldatei[anz]);
            if (quelldatei[anz][0] == '.')  break;
            if ((fpin = fopen(quelldatei[anz], "r")) == NULL)
                printf("\n\t Die Datei %s kann nicht
                        geoeffnet werden!\n\n", quelldatei[anz]);
            else
            {
                fclose(fpin);  anz++;
            }
        } while (anz < 100);

        for (;;)
        {
            printf("\n\t Zieldatei: ");
            scanf("%s", zieldatei);
```

```c
        /* Nun wird geprueft, ob die Zieldatei beschrieben
         * werden darf. */
        if ((access(zieldatei, 2)) != 0)
        {
            printf("\n\t Die Datei %s darf nicht
                    ueberschrieben werden!\n", zieldatei);
            continue;
        }

        /*   Hier der Test, ob die Zieldatei schon
             existiert. */
        if ((access(zieldatei, 0)) == 0)
        {
            do
            {
                printf("\n\t Soll die Datei %s ueber
                        schrieben werden? (J/N)", zieldatei);

                antwort = getche();
            } while ((toupper(antwort) != 'N') &&
                     (toupper(antwort) != 'J'));

            if (toupper(antwort) == 'N') continue;
        }
        if ((fpout = fopen(zieldatei, "w")) == NULL)
        {
            printf("\n\t Fehler beim Oeffnen von %s!\n",
                                            zieldatei);

            continue;
        }
        break;
    }   /* Ende von for(;;) */

/* Nun geht das Kopieren los. */

for (i = 0; i < anz; i++)
{
    fpin = fopen(quelldatei[i], "r");
    /*   Zum Abtrennen wird der Dateiname vor jede
         Datei kopiert. */
    fprintf(fpout, "\nDatei: %s\n", quelldatei[i]);
    while ((ch = fgetc(fpin)) != EOF)
    {
        fputc(ch, fpout);  counter++;
    }
    fclose(fpin);
}
fclose(fpout);
printf("\n\t Insgesamt wurden %ld Zeichen
        aneinandergehaengt.\n\n", counter);

return (anz); /* Rueckgabe an das Betriebssystem */

}       /* Ende von main() */
```

Aufgabe 32:

Nur das Unterprogramm zum Sortieren der Elemente. Die komplette Lösung
befindet sich auf der Diskette. Dort ist auch der verwendete Sortieralgorithmus
näher erläutert.

```
#include <stdio.h>
#include <values.h>      /*  fuer die Konstante MAXFLOAT  */

typedef float FELDTYPE;

/*  ( . . . )

Zu beachten ist, dass beim verwendeten Sortieralgorithmus das
vorderste Element nicht benutzt werden darf, weil es waehrend
der Sortierung als Vergleichselement herangezogen wird. */


}         /*  Ende von void main()  */


void Insertion(long anz, FELDTYPE * a)
{
/*
 * Es wird der Sortieralgorithmus "Insertion Sort"
 * verwendet, der die Elemente sortiert einfuegt.
 */

        register unsigned long i, j;
        void swap(FELDTYPE *, FELDTYPE *);
                                /* Tauschroutine */

        a[0] = -MAXFLOAT;   /* Vergleichsvariable, die auf
                             * keinen Fall unterschritten
                             * wird. */

        for (i = 2; i <= anz; i++)
        {
            j = i;
            while (a[j] < a[j - 1])
            {
                swap(&(a[j]), &(a[j - 1]));
                j--;
            }
        }
/*     SO SAEHE DIE SACHE MIT BUBBLESORT AUS:

for(i = 1; i <= anz; i++)
     for(j = anz; j > i; j--)
          if(a[i] > a[j])
               swap(&(a[i]), &(a[j]));
-------------------------------------------- */

}        /* Ende von void Insertion() */
```

Aufgabe 33:

pst **erhält die Adresse** &st[0]
a[0] = **0** , a[1] = **100** , a[2] = **200** , ... , a[10] = **1000**

1. Ausgabe: REGENWETTER
                   *(pst+4) = N

2. Ausgabe: *(pa+2) = [a[6]] = 600
                   a[1] = 100

3. Ausgabe: *pst = Q
                   *(pa+3) = 100   [= *(pa+2) - *(pa+1)]
                   a[7] = 100   [= a[6] - a[5]]

Aufgabe 34:

```c
/*  ( . . . )  */

struct eintrag readdat(void)
{
        FILE *fp; /* Zeiger auf Datei, wo Daten liegen. */
        struct eintrag *elem, *top = NULL;
        char n[20];

        if((fp = fopen("adr.dat", "r")) == NULL) return(NULL);

        for(;;)
        {
            if(fscanf(fp, "%s", n) < 1)  break;

            elem = malloc(sizeof(struct eintrag));

            strcpy(elem->name, n);
            if fscanf(fp, "%s", elem->vorname) < 1      break;
            if fscanf(fp, "%s", elem->strasse) < 1      break;
            if fscanf(fp, "%d", &(elem->hausnr)) < 1    break;
            if fscanf(fp, "%d", &(elem->plz)) < 1       break;
            if fscanf(fp, "%s", elem->ort) < 1          break;

            elem->next = top;
            top = elem;
        }
        return(top);

}        /*  Ende von struct eintrag *readdat()  */

/*  ( . . . )  */
```

```c
struct eintrag *delete(struct eintrag *elem)
{
        char suchname[20];
        struct eintrag *del, *temp;

        if(elem == NULL)      /*  Test, ob Liste leer  */
        {
            printf("\n\n\t\t Es gibt nichts zu loeschen!\n\n");
            return(NULL);
        }
        printf("\n\n\t\t\t Eintrag loeschen  . . .\n\n");

        printf("\t Bitte zu loeschenden Namen eingeben: ");
        scanf("%20s", suchname);

        del = elem;

        /*
         * WICHTIG:    Zum Loeschen muss das Element gefunden
         * werden, das in der Liste VOR dem zu entfernenden
         * liegt, damit der next-Verweis auf den Nachfolger
         * des zu loeschenden gebogen werden kann.
         */

        /*  Spezialfall, das vorderstes Element geloescht
         * werden soll. */
        if(strcmp(elem-name, suchname) == 0)
        {
            del = elem;
            elem = elem->next;
            free(del);
            return(elem);
        }

        temp = elem;

        while(temp != NULL)
        {
            if(strcmp(temp->next->name, suchname) == 0)
            {
                del = temp->next;
                    /* temp zeigt auf den Vorgaenger des
                     * zu loeschenden Elementes. Tatsaech-
                     * lich geloescht wird also temp->next.
                     */
                temp->next = del->next;
                free(del);
                return(elem);
            }
            temp = temp->next; /*  Weiterschieben  */
        }     /*  Ende von while(...  */

        printf("\t\t\t Es wurde nichts geloescht!\n\n");
        return(elem);

}        /*  Ende von void delete()  */
```

Aufgabe 35:

Durch die Zuweisung

```
f[101]  =  1000.1;
```

wird die Funktion IndexCheck() aktiviert, die den Index 101 als Fehler erkennt, da standardmäßig für eine Instanz des Typs class FloatArray nur
100 Elemente zugelassen sind und für f   keine explizite Grenze angegeben
wurde. In einem solchen Fehlerfall wird bei der vorliegenden Implementierung ein Text ausgegeben und das Programm abgebrochen.

Stichwortverzeichnis

Pascal

Ein Lehrbuch zum strukturierten Programmieren von Doug Cooper
und Michael Clancy

*Aus dem Amerikanischen übersetzt und bearbeitet von Gerd Harbeck
und Tonia Schlichtig. 2., verbesserte Auflage 1989. X, 509 Seiten.
Kartoniert.*
ISBN 3-528-14316-9

Das didaktisch ausgezeichnete Konzept dieser Publikation ruht auf zwei Pfeilern. Der eine ist das problemorientierte Vorgehen in jedem Kapitel, um dem Leser – wie auch dem Hörer in den Vorlesungen – ein leichtes Verstehen des Sachverhaltes und die Umsetzung in die Programmiersprache zu ermöglichen. Der zweite liegt in der Darstellungsweise begründet. Selbst komplizierte Sachverhalte haben die Autoren einfach und doch umfassend dargestellt, so daß ein Nachvollziehen jederzeit möglich ist. Damit hebt sich dieses Lehrbuch wohltuend von vielen anderen Pascal-Büchern ab.
Jedes Kapitel enthält Beispiele, die den Umgang mit Pascal veranschaulichen, und Übungsaufgaben, die der Leser zur Kontrolle seines Wissensstandes verwenden kann. Die Sprache Pascal wird in ihrer Mächtigkeit umfassend und vollständig erläutert.

Verlag Vieweg · Postfach 58 29 ·D-6200 Wiesbaden 1

UNIX

Eine Einführung von Kaare Christian

Aus dem Amerikanischen übersetzt und bearbeitet von Udo Peters.
1988. VIII, 375 Seiten. Kartoniert.
ISBN 3-528-04308-3

Inhalt: Grundlegendes – UNIX-Grundlagen – Die UNIX-Shell – Der UNIX-Editor – Das UNIX-Dateisystem – Hilfsprogramme – Hilfsprogramme für Textdateien – Dateiverwaltung – Anspruchsvolles Editieren – Textformatierung – make und das Source Code Control System – Die Shell – Shell-Programme – C und UNIX – Programmierhilfen – yacc und lex – Hilfsprogramme für Systemverwalter – Der UNIX-Kern – Gekürztes UNIX-Manual.

Kaare Christian ist es gelungen, das leistungsfähige Betriebssystem in seinen Möglichkeiten auch dem Anfänger eingängig darzustellen. Darüber hinaus richtet sich das Buch an bereits erfahrenere Programmierer, wenn etwa die Shell der Version 7 beschrieben wird, die interne Organisation behandelt und einige UNIX-Programme entwickelt werden. Ein ausführliches Befehlsverzeichnis macht das Buch zum unverzichtbaren Programmierbegleiter.

Verlag Vieweg · Postfach 58 29 · D-6200 Wiesbaden 1